高职高专公共基础课教材

大学生劳动教育

黄晓霞　何　屹　主编

清華大学出版社
北　京

内 容 简 介

本书基于培养学生劳动教育价值观、引导学生养成良好劳动习惯和提升学生劳动素养三大目标，依据《关于全面加强新时代大中小学劳动教育的意见》《大中小学劳动教育指导纲要》设计内容体系。全书共分为认知劳动与劳动教育、树立正确的劳动价值观、践行劳动精神、保障劳动安全、捍卫劳动权益、生活性劳动实践、生产性劳动实践和服务性劳动实践八大模块。

本书既可作为高等职业院校、中等职业学校的劳动教育通识课程教材，也可作为广大读者提升个人劳动素养、培养良好劳动习惯的学习材料。

图书在版编目（CIP）数据

大学生劳动教育 / 黄晓霞，何屹主编. -- 北京 ：清华大学出版社，2025. 6. --（高职高专公共基础课教材）. -- ISBN 978-7-302-52748-0

Ⅰ. G40-015

中国国家版本馆CIP数据核字第202535KD79号

责任编辑： 施　猛
封面设计： 常雪影
版式设计： 王　晓
责任校对： 马遥遥
责任印制： 沈　露

出版发行： 清华大学出版社

网　　址： https://www.tup.com.cn，https://www.wqxuetang.com
地　　址： 北京清华大学学研大厦A座　　**邮　　编：** 100084
社 总 机： 010-83470000　　**邮　　购：** 010-62786544
投稿与读者服务： 010-62776969，c-service@tup.tsinghua.edu.cn
质 量 反 馈： 010-62772015，zhiliang@tup.tsinghua.edu.cn

印 装 者： 三河市铭诚印务有限公司
经　　销： 全国新华书店
开　　本： 185mm×260mm　　**印　张：** 15　　**字　数：** 246千字
版　　次： 2025年6月第1版　　**印　次：** 2025年6月第1次印刷
定　　价： 52.00元

产品编号：112086-01

本书编委会

主　　编　黄晓霞　何　屹

副 主 编　步雅芸　王　璐　章　程

编委会成员　黄晓霞　何　屹　王　璐　章　程
步雅芸　孙亚军　陈　辉　刘忠奇
叶庆林　胡天杰　袁　辰　窦相鹏
孙　权　罗　玲　乐　欢　郑依霏
沈钰婷

前言

2020年3月，中共中央、国务院颁布《关于全面加强新时代大中小学劳动教育的意见》，为劳动教育锚定方向。文件着重指出，劳动教育是中国特色社会主义教育体系的核心构成，直接关系社会主义建设者和接班人劳动素养的培育。大学生作为社会发展的重要储备力量，应牢固树立马克思主义劳动价值观，深刻领会劳动创造价值、劳动无高低贵贱之分的理念，在内心深植"劳动最光荣、劳动最崇高、劳动最伟大、劳动最美丽"的坚定信念。同时，大学生应积极参加劳动实践，在丰富多样的劳动实践中养成珍惜劳动成果的习惯，塑造专注、创新、奋斗、奉献的劳动精神，全方位提升劳动技能与综合素养。

本书共有八大模块，分别为认知劳动与劳动教育、树立正确的劳动价值观、践行劳动精神、保障劳动安全、捍卫劳动权益、生活性劳动实践、生产性劳动实践和服务性劳动实践。本书特色如下所述。

1. 彰显时代性

本书严格按照《关于全面加强新时代大中小学劳动教育的意见》《大中小学劳动教育指导纲要》设计编写，运用"劳动寄语""劳动讲堂"等创新形式，有机融入党的二十大精神和学校"红绿蓝"行走的思政课堂体系，既具有广度，又具有深度。

2. 内容彰显湖州文化特色

在理论内容中，"红色"大讲堂、"绿色"大讲堂、"蓝色"大讲堂贯穿始终。在劳动实践内容中，分为生活性劳动实践、生产性劳动实践、服务性劳动实践三个部分。生活性劳动实践包括红色非遗劳动（湖州紫笋茶制作技艺）、绿色低碳劳动（绿色低碳生活实践）、蓝色工匠劳动（双林绫绢织造技艺）；生产性劳动实践包括红色文化劳动（中华老字号老恒和酿造技艺）、绿色环保劳动（桑蚕生产技艺）、蓝色工匠劳动（湖笔制作技艺）；服务性劳动实践包括红色铸魂劳动（为社区服务注爱）、绿色生态劳动（为社会公益助力）、蓝色工匠劳动（为乡村振兴献技）。内容安排既彰显了湖州地方特色传统文化，又与学校"红绿蓝"行走的思政课堂相呼应。

3. 编写体例彰显趣味与创新

在编写体例上，每个项目都设置了学习目标、劳动寄语、劳动启思、劳动讲堂、劳动拓展五大核心栏目。其中“学习目标”从知识、技能、素质三个层次引领劳动素养的培养；“劳动寄语”引用习近平总书记关于劳动教育的重要讲话，引导学生开阔劳动认知视野；“劳动启思”通过创设典型劳动案例思考情境，培养学生理性分析与解决问题能力；“劳动讲堂”下设“红色”大讲堂、“绿色”大讲堂、“蓝色”大讲堂三大主题，讲授内容兼具学术前沿性和实践创新性；“劳动拓展”聚焦新兴劳动业态、劳动热点、劳动趋势，内容设计富有时代性与趣味性。

4. 案例鲜活、资源立体

本书编写团队实力雄厚，汇聚了学校专职教师、行业协会成员、企业高管、技艺大师、非遗代表性传承人等多元领域专家，汲取了企业的真实鲜活案例，通过校企合作共同开发教材。另外，教材配套资源立体丰富，涵盖课件、习题、微课视频、劳动实践等线上数字化教学资源，读者可扫描下方二维码获取。

本书由湖州职业技术学院黄晓霞、何屹担任主编，湖州职业技术学院步雅芸、王璐、章程担任副主编。黄晓霞统筹协调推进，负责教材整体内容、结构、特色设计；何屹提供编写内容、框架搭建的建议；步雅芸策划整体编写思路。具体编写分工如下：黄晓霞、乐欢编写项目四、项目五；何屹、孙亚军编写项目一、项目二；王璐编写项目三；章程、步雅芸编写项目六、项目七；湖州职业技术学院窦相鹏、孙权、罗玲、刘忠奇、胡天杰、袁辰编写项目八；此外，浙江唐锋能源科技有限公司叶庆林、浙江企蕴供应链管理有限公司陈辉为本教材编写提供了大量企业真实案例；最后，还邀请了湖州双林绫绢织造技艺市级传承人郑依霏老师、湖州双林绫绢风筝制作技艺区级非遗代表性传承人沈钰婷老师对本教材进行指导、审核。

本书在编写过程中参阅了大量资料，在此向相关作者致敬并表示衷心的感谢。由于时间仓促，编者能力有限，本书难免有错漏之处，敬请广大读者批评指正，提出宝贵建议，以便我们再版时修改。

编　者

2025年3月

目录

项目一　认知劳动与劳动教育

- 项目一　认知劳动与劳动教育
  - 任务一　劳动本质认知
    - 劳动的含义及其分类
    - 劳动与劳动组织的特点
    - 劳动素养要求
  - 任务二　劳动教育认知
    - 劳动教育的起源与内涵
    - 劳动教育的特征与意义
    - 我国劳动教育政策
  - 任务三　当代职业劳动教育
    - 当代职业劳动教育的内涵与目标
    - 当代职业劳动教育的主要内容与意义
    - 当代职业劳动教育的实施途径与基本要求

项目导读

劳动创造了人类。人类区别于动物的根本标志在于能够制造和使用工具，并从事劳动实践。劳动不仅是人类和人类社会存在发展的根本前提，更是贯穿人类文明进程的核心动力。没有劳动，就没有人类；没有劳动，人类就不能生存，人类社会就不会发展。劳动始终伴随着人类，劳动是人类社会存在和发展的基础，是人类最基本的社会实践活动。劳动是人类的本质特征，社会的一切物质与文化财富都源于劳动。随着时代的发展，劳动和劳动教育的内涵不断革新，劳动的价值也随人类社会的进步而凸显。

本项目分为劳动本质认知、劳动教育认知、当代职业劳动教育三个部分，旨在通过系统学习，引导大学生深刻理解劳动与劳动教育的重要性，使其在日常自觉践行劳动精神，成为懂劳动、爱劳动、会劳动的全面发展的社会主义建设者和接班人。

任务一　劳动本质认知

◆ 学习目标

知识目标	(1)掌握劳动的含义及其分类 (2)了解劳动与劳动组织的特点 (3)掌握劳动素养要求
能力目标	(1)结合案例,判定某一活动是否为劳动,为何种劳动 (2)自觉树立正确的劳动价值观,全面提升劳动素养
素质目标	(1)认识到劳动对个人和人类社会的重要性 (2)培养正确的劳动习惯,激发参与劳动实践的热情

★ 劳动寄语

劳动是人类的本质活动,劳动光荣、创造伟大是对人类文明进步规律的重要诠释。"民生在勤,勤则不匮。"中华民族是勤于劳动、善于创造的民族。正是因为劳动创造,我们拥有了历史的辉煌;也正是因为劳动创造,我们拥有了今天的成就。

——2015年4月28日,习近平总书记在庆祝"五一"国际劳动节暨表彰全国劳动模范和先进工作者大会上的讲话

(资料来源:学习强国平台)

★ 劳动启思

在2024年"五一"国际劳动节即将到来之时,为了引导青年学生树立崇尚劳动、尊重劳动的价值观,深刻理解劳动的光荣、崇高、伟大和美丽,4月29日上午,我校新能源汽车与工程学院组织学生党员、学生入党积极分子赴湖州市农业试验示范基地开展了劳动教育活动。首先,示范基地负责人向同学们介

绍了农业示范基地的基本情况和发展历程。随后在负责人的指导下,同学们对大棚内的西瓜苗进行了绕苗和授粉操作,亲身体验了农业生产的不易,并深刻认识到劳动的重要价值。

本次活动通过躬耕田野的方式,引领同学们亲近自然,不仅让同学们深刻领悟到了劳动教育的本质,更显著提升了劳动教育的吸引力和渗透力。通过这次田野劳动,同学们的环保意识得到了显著增强,他们更加积极地投身于可持续发展、生态文明建设的实践中。据悉,新能源汽车与工程学院将继续开展此类劳动教育活动,让更多的同学参与到劳动实践中来,培养他们的实践能力、动手能力,树立劳动光荣、绿色发展的价值观。

（资料来源:湖州职业技术学院官网–新闻中心:新能源工程与汽车学院赴湖州市农业试验示范基地开展劳动教育活动. 2024年4月29日）

思考:什么是劳动?劳动的特点是什么?有何意义?

★ 劳动讲堂

一、劳动的含义及其分类

1. 劳动的含义

随着人类文明的发展,“劳动”在内容、形式上不断演进,不断丰富。“劳动”通常指人类实践活动的一种特殊形式,多指创造物质财富和精神财富的活动,既包括体力劳动,也包括脑力劳动。在《中国大百科全书(哲学卷)》中,“劳动”被定义为“是人类特有的基本的社会实践活动,也是人类通过有目的的活动改造自然对象并在这一活动中改造人自身的过程”。恩格斯在《劳动在从猿到人转变过程中的作用》一书中也强调:“在某种意义上说,劳动创造了人本身。”

在《资本论》第一卷中,马克思指出:“劳动首先是人和自然之间的过程,是人以自身的活动来引起、调整和控制人和自然之间的物质变换的过程。”在这一过程中,“人的活动借助劳动资料使劳动对象发生预定的变化”,最终生产出满足人的某种需要、具有某种特殊使用价值的产品。有目的的活动、劳动对象和劳动资料构成了劳动过程的基本要素。

综上所述，劳动是指人运用一定的生产工具、作用于劳动对象，创造物质财富和精神财富的有目的的实践活动。劳动是人类存在和人类社会发展的基础。随着时代的变迁和生产形式的变化，劳动的内涵和外延发生了巨大的变化。

案例探讨1

小赵是一名大学生，家庭经济状况较差，性格比较内向。为了减轻家庭经济负担，也为了锻炼自己，他利用课余时间做了多份兼职，包括送外卖、发传单以及在超市做促销员等。他几乎从不休息，每天的时间安排极为紧凑。部分同学认为他纯粹依靠体力劳动，对学业和个人发展缺乏潜在价值。

思考：结合案例谈谈你的看法。

答案

2. 劳动的分类

1）按照劳动依靠的主要运动器官分类

按照劳动依靠的主要器官，可将劳动分为体力劳动与脑力劳动。体力劳动是劳动者以运动系统为主要运动器官的劳动。脑力劳动是劳动者以大脑神经系统为主要运动器官的劳动。

体力劳动以消耗体力为主。这种劳动方式通常表现为劳动者使用自身的肌肉力量来完成工作任务。例如，农民种地、工人搬运货物等都是典型的体力劳动。体力劳动的特点是劳动强度大，对劳动者的身体素质要求较高。

脑力劳动主要依托劳动者的思维能力、知识储备和智力水平开展工作。例如，教师在课堂上授课、软件工程师编写程序代码等都是脑力劳动。脑力劳动的成果主要体现为知识产品、创意设计、管理策略等非物质形态。

2）按照劳动的层次与复杂性分类

按照劳动的层次与复杂性，可将劳动分为简单劳动与复杂劳动。简单劳

动是指在一定的社会条件下，不需要经过专门训练，一般劳动者都能胜任的劳动。这种劳动通常具有重复性较高、技术含量较低的特点。例如，一些工厂流水线上的基本操作。简单劳动是大规模生产中的基础环节。复杂劳动是指需要经过系统学习，具备一定专业知识储备与技术能力的劳动者才能从事的劳动。这种劳动需要劳动者具备较高的文化水平、专业知识和技能。例如，医生、科研人员等从事的劳动涉及众多学科知识和先进技术，便是复杂劳动。

3）按照劳动的目的分类

按照劳动的目的，可将劳动分为生活性劳动、生产性劳动与服务性劳动。生活性劳动主要是指为了满足个人或家庭自身生活需要而进行的劳动。这种劳动通常是围绕日常生活的基本事务展开的，不用于交换，目的是维持自己和家人的生存和生活质量。它是最贴近人们日常生活的劳动形式，体现了自给自足的特点。生产性劳动是指为社会创造物质财富的劳动。例如，工人生产各种产品。生产性劳动是社会物质资料生产的主要方式，它直接关系着社会的物质基础建设。服务性劳动是指劳动者运用一定的设备和工具，为消费者提供各种服务的劳动。服务性劳动的特点是不直接生产物质产品，其成果通常是无形的，主要以满足消费者的非物质需求为目的，如提供便利、提供精神享受。

“红色”大讲堂

耕读教育

2021年2月23日，中共中央办公厅、国务院办公厅印发了《关于加快推进乡村人才振兴的意见》（以下简称《意见》），《意见》指出要完善高等教育人才培养体系，全面加强涉农高校耕读教育。

所谓“耕”，即从事农业生产；“读”，即接受文化教育。耕读教育将农业生产与文化教育相结合，其在我国农耕历史文化中源远流长，无论是对于农人还是文人，“以耕养家”“以读兴家”“耕读传家”都已成为几千年来中国社会盛行的优良文化传统。

耕读教育是中国传统教育的精华，或者说是传统文化传承的主要途径，推动着中华文明的发展。早在先秦时期，就已经有了士子躬耕的记载。

农家学派的许行提倡耕读并举。到了东汉，袁闳把耕田与治学并举，《后汉书·袁闳传》载："居处仄陋，以耕学为业。"在北宋，宋仁宗颁布劝耕政策，鼓励士人、农家子弟参加科举考试，并规定在本乡读书应试。各地普遍设立学校，把士人、农家子弟与家乡土地紧密结合在一起。耕读相兼的观念就这样逐渐深入人心，成为重要的文化传统。

耕读教育从一种读书人的生活方式逐步演变成一种教育理念、家训家规、治国选才之策，它将物质生产与精神生活融为一体，晴耕雨读、昼耕夜读不仅成为中国古人崇尚的物质与精神自给自足的诗意生活，更成为古人治家治国的秘诀。耕读文化已经在岁月长河中逐渐融入中华民族的血脉中，最终促使中华文明经久不衰、源远流长，成为全世界最长久的古老文明之一。

（资料来源：人民网．耕读教育：从土地和自然中汲取成长的力量．有所改编整合）

二、劳动与劳动组织的特点

1. 劳动的特点

1）劳动具有目的性

劳动是人类有目的的活动，目的是满足自身的各种需求，这些需求有物质层面的，也有精神层面的。例如，农民种植庄稼是为了收获粮食，以满足人们的饮食需求；艺术家绘画是为了表达情感、展现美感，让观赏者获得精神享受。现今，劳动已成为人类满足自己生产和生活需要的手段，且满足人类的物质需要是当今劳动的首要目标。

2）劳动具有创造性

劳动的本质在于创造，劳动创造了人类文明。劳动者在劳动过程中不是被动的，而是主动发挥自己的体力和智力。劳动者在劳动过程中可以创造新的产品、服务或价值。例如，科研人员通过创新研究，开发出新的技术和产品。劳动的这种创造性不仅体现在产品创新上，还体现在劳动方式和组织形式的创新上。

3）劳动具有时代性

每个时代的劳动形式、劳动内容、劳动价值观念等诸多方面都会带有时代特点。这一特点是由每个时代的生产力水平、科技发展程度、社会文化背景和经济体制等多重因素共同决定的。例如，在古代农业社会，劳动主要以手工种植等形式为主；而在现代工业社会和信息社会，劳动形式变得更加多样化，包括高度自动化的工业生产、复杂的软件编程和大数据处理等。

4）劳动具有多样性

劳动的内容和形式多种多样。从内容上看，有农业劳动、工业劳动、服务业劳动等；从形式上看，有体力劳动、脑力劳动，还有体脑结合的劳动。例如，建筑工人在工地上搬运建筑材料属于体力劳动，软件设计师进行程序代码编写属于脑力劳动，而教师的教学工作是体脑结合的劳动。

5）劳动具有整体性

劳动过程是一个有机的整体，它不是各个部分简单相加，而是各个环节相互联系、相互依存、相互作用，共同构成一个完整的系统，实现特定的生产目的，进而创造价值。无论是简单的手工制作，还是复杂的工业生产，或是提供服务，都体现了这种整体性。例如汽车制造过程包括设计、生产、装配、质检和销售等多个环节，需要不同的劳动者协作完成。

2. 劳动组织特点

劳动组织是指将劳动力要素与生产资料结合，通过特定结构形式开展协作劳动的社会经济单位。劳动组织为生产关系的重要载体，其本质在于实现人力资源的优化配置与生产效率的最大化。

科学的劳动组织就是运用科学的方法组织生产生活活动，达到“人、机、环境”的最佳结合，既要提高企业劳动效率和经济效益，又要为劳动者身心健康和体力智力全面发展创造条件。现代劳动组织具有以下几个特点。

1）灵活性

面对快速变化的市场需求，企业要建立弹性化响应机制。针对客户与市场需求的多样化特征，企业应及时调整劳动组织结构，通过灵活调配人力资源，构建跨职能团队或专项项目组，实现产品创新与服务升级。

2）注重团队协作

现代复杂的生产和服务任务往往需要不同专业背景的人员共同合作完成。以软件开发为例，一个大型软件项目需要软件工程师、测试工程师、用户体验设计师等多个专业人员组成团队，协作完成。

3）以人为本

现代劳动组织更加关注员工的需求和发展。企业通过提供良好的工作环境、培训机会和职业晋升通道激励员工。例如，提供舒适的办公环境和个性化的培训计划等，提升员工职业技能，助力其有效应对工作。

企业基层劳动组织——班组

三、劳动素养要求

在数字技术驱动的科技革命浪潮中，新质生产力正以空前速度产生和发展。构筑这一生产力基石的关键在于培育新型劳动者群体，培养具有劳动素养的复合型劳动人才。

劳动素养是个体在劳动过程中所展现的综合品质与能力，包括劳动价值观、劳动态度、劳动能力、劳动规则等多个方面，是个体在劳动实践中逐渐形成和发展起来的，对个人成长和社会发展都具有重要意义。劳动过程对劳动者综合素养有着严格要求。高素质的劳动者不仅可以提高劳动生产效率，保证工作质量，还可以推动技术创新等。

1. 具有正确的劳动价值观

劳动价值观是指人们对劳动的根本看法和态度，是价值观在劳动领域的具体体现，它对人们的劳动行为和劳动选择具有重要的导向作用。劳动者应深刻认识到劳动是人类生存和发展的基础，是创造财富和价值的源泉，尊重劳动，崇尚劳动，摒弃不劳而获的思想，理解劳动对个人成长、社会进步和国家繁荣的重要意义。

2. 具有积极的劳动态度

劳动态度是指劳动者在实践活动中形成的对劳动的心理倾向与行为模式。积极的劳动态度是劳动者对待劳动的一种正面、主动、热情且负责的心理状态和行为表现，对于个人的职业发展和社会的进步都具有重要意义。这具体表现为劳动者能主动承担任务，具有高度的责任心，勇于挑战等；主动、自觉地参与各类劳动，不怕吃苦、不怕累，以积极的心态对待劳动过程中的困难和挑战，把劳动视为实现自我价值的重要途径，而不是将其当作一种负担。

3. 具有过硬的劳动能力

劳动能力是指个体在劳动过程中所具备的完成各项任务、解决实际问题的本领，包括体能、技能等多方面的综合能力。劳动能力是顺利开展劳动并取得劳动成果的关键。

劳动体能是劳动能力的重要基础。劳动技能是劳动者在生产劳动过程中，为了完成特定工作任务而需要掌握的各种技术和能力的总和。除了掌握与职业或工作岗位相关的特定通用技能和职业技能，劳动者还要具备一定的数字技能和创新能力。

4. 遵守劳动规则

劳动规则是指在劳动过程中，为规范劳动者和用人单位行为、保障劳动生产顺利进行而制定的一系列规章制度和行为准则。这些规则不仅体现在工作场所的制度管理上，还体现在劳动环节的运行以及劳动主体的行动中。优秀的劳动者必定树立规则意识，从接触岗位起便将规则融入日常言行，做到守岗履职、尽职尽责。如此，企业方能稳健运营，生产活动才能得以持续开展。

三 任务二 劳动教育认知

◆ 学习目标

知识目标	(1)掌握劳动教育的内涵与特征 (2)了解劳动教育的重要性 (3)掌握我国劳动教育政策
能力目标	(1)能够认同劳动教育的重要性,自觉践行劳动 (2)能够按照我国劳动教育要求与途径自觉践行劳动教育
素质目标	(1)认识到劳动教育对个人和社会的重要性 (2)在日常生活中树立积极践行劳动教育的意识

★ 劳动寄语

要开展以劳动创造幸福为主题的宣传教育,把劳动教育纳入人才培养全过程,贯通大中小学各学段和家庭、学校、社会各方面,教育引导青少年树立以辛勤劳动为荣、以好逸恶劳为耻的劳动观,培养一代又一代热爱劳动、勤于劳动、善于劳动的高素质劳动者。

——2020年11月24日,习近平总书记在全国劳动模范和先进工作者表彰大会上的讲话

(资料来源:中国政府网. https://www.gov.cn/xinwen/2020-11/24/content_5563928.htm)

★ 劳动启思

探索"五个一",让学校劳动教育"接地气"

湖州职业技术学院智能制造学院以"五个一"为主题开展劳动教育实践活动,为进一步贯彻落实"五育并举"理念,多维度谋划、多举措发力,积极探索劳动教育有效融入职业教育的途径。

1. 一日执法公益服务，沉浸式体验社区工作

学院与环渚街道共同组织开展了“劳动教育进社区，携手共建文明城”公益服务，让学生参与环渚街道城管执法志愿活动。学生与执法人员一起，对辖区内的各类经营场所开展执法检查，充分体验了劳动过程的艰辛并获得劳动创造价值的直观感受。

2. 一堂劳动课程，感受劳模及工匠精神

各班级通过组织开展劳动课程，学习并观看了《永不过时的劳模精神》《大国工匠》《工匠精神》等视频，将劳动教育校园文化建设与工匠精神培养、现代学徒制建设等主题活动有机融合，引导学生弘扬中华传统文化，崇尚劳动、尊重劳动。

3. 对话身边劳动者，弘扬劳动精神

红色工匠学院各工匠坊的学生与身边的劳动者开展了一次以劳动为主题的对话。活动中，优秀的劳动者在分享会上就“劳动素养”“工匠精神”等话题进行宣讲，激励学生弘扬劳动精神、树立时代新风。

4. 一场“6S”专业实训实践，培养职业素养

学校实训办组织各专业学生开展“6S”整理活动和“我维护、我维修”的专业劳动实践。通过参与这些活动，学生不仅动手实践、整理场地、出力流汗，更培养了正确的劳动观念和良好的劳动品质，有效提升了职业素养。

（资料来源：湖州职业技术学院官网新闻中心）

思考：什么是劳动教育？劳动教育有哪些特征？

★ 劳动讲堂

一、劳动教育的起源与内涵

1. 劳动教育的起源

劳动教育是劳动与教育的结合，它与人类社会的发展、教育理念的演变紧密相关。随着社会发展和教育理念的更新，劳动教育的内涵不断丰富。劳动教育的实践可追溯至原始社会，《尚书》便记载了上古先民从事农业生产并教育后代的相关场景。在中华文明传承中，“耕读文化”将知识学习与劳动实践

深度融合，印证着“生活即教育”的朴素理念——劳动作为人类生存之本，自然成为教育的起点。

19世纪，空想社会主义者罗伯特·欧文在英国纽克兰纳开展了生产劳动与教育相结合的实验。马克思充分肯定了欧文的实验，并在此基础上提出了“教育与生产劳动相结合”这一全面发展思想。马克思在《资本论》中指出：“未来教育对所有已满一定年龄的儿童来说，就是生产劳动同智育和体育相结合，它不仅是提高社会生产的一种方法，而且是造就全面发展的人的唯一方法。”

20世纪初，陶行知先生提出了“生活教育”理论，主张“教学做合一”，强调教育要以生活为中心，通过行动引导思想，以创造新的生活。他创办的晓庄试验乡村师范学校，让学生在实践中学习农业生产、手工艺制作等劳动技能，培养学生的生活能力和创新精神。

新中国成立后，中国共产党对马克思主义的教育与生产劳动相结合的思想做了创造性实践和发展，并把这一原理作为党的教育方针。毛泽东同志多次就教育与生产劳动相结合问题提出指导性意见，他指出：“教育必须为无产阶级政治服务，必须同生产劳动相结合，劳动人民要知识化，知识分子要劳动化。”

案例探讨2

在综艺节目《敞开心扉的少年》中，有位“全能妈妈”，她的孩子已经8岁，衣食住行仍完全由她掌管。清晨，这位妈妈全程包办刷牙、洗脸、喂饭、擦嘴、穿衣等事宜，孩子全程木然。在这种“割草机式”养育方式下，孩子基本丧失生活自理能力，连系鞋带、独立穿衣、使用筷子等简单技能都未掌握，最终成为生活中的“巨婴”。

思考：结合案例谈谈你对劳动教育的理解。

答案

2. 劳动教育的内涵

《中国大百科全书(教育卷)》对“劳动教育”作了如下定义:“劳动教育是使学生树立正确的劳动观点和劳动态度,热爱劳动和劳动人民,养成劳动习惯的教育,是德智体美劳全面发展教育的重要组成部分。”《教育大辞典》将“劳动教育”定义为“向学生传授现代生产劳动的基础知识和基本生产技能,培养学生正确的劳动观点,养成良好的劳动习惯的教育”。一般来讲,劳动教育是指以劳动为载体,以培养学生正确的劳动价值观、良好的劳动习惯和必备的劳动能力,促进全面发展的教育活动。这种教育形式将劳动与教育有机结合,使学生在体力与脑力的协同中实现全面发展。劳动教育的具体实施以学校和家庭为主要阵地。从内涵层面看,劳动教育是受教育者通过参与生产性劳动、服务性劳动等实践活动,在劳动过程中实现全面发展的综合性育人活动。这种教育形式打破了传统学科界限,将德育、智育、体育、美育与劳动实践深度融合,形成五育并举的教育体系。

二、劳动教育的特征与意义

1. 劳动教育的特征

1)传统性与时代性统一

中华民族传统美德中蕴含的尊重劳动、热爱劳动、以劳动为荣等劳动价值观,通过家庭教化、学校教育、社会熏陶等多元途径传承至今,构成了劳动教育传统性的核心内涵。随着时代发展,劳动教育既要传承优秀传统,也要与时俱进,及时更新教育内容与实施方式,引导学生掌握现代社会所需的劳动技能与知识,例如人工智能基础操作、数字化工具应用等。

2)思想性与实践性统一

一方面,劳动教育以劳动活动为载体,向学生传授劳动相关知识与技能,引导学生树立正确的劳动价值观,反对不劳而获、贪图享乐的错误思想;另一方面,劳动教育注重学生亲自参与和动手实践,要求学生在劳动实践中运用所学知识和技能解决问题,这种实践过程不仅能提升动手能力,更能激发新思维,逐步培养他们应对现实挑战的综合能力。

3）特殊性与普遍性统一

劳动教育体系是一个系统工程，在具体实施过程中要考虑城乡之间、区域之间和学校之间的差异。由于不同地区、不同阶段其教育对象的个体差异（不同年龄段/性别/个性特点的学生）、教育环境的多样性（自然环境/社会环境/经济环境）、教育目标的多层次性等，劳动教育在内容和形式上具有特殊性。但是劳动教育在本质上具有普遍性和一致性，其教育的基本内容是共通的，教育价值是普适的。无论在何种教育场景、针对何种教育对象，劳动教育的本质都是通过劳动实践活动培养学生的劳动素养，促进学生全面发展。

4）独立性与整合性统一

《关于全面加强新时代大中小学劳动教育的意见》（以下简称《意见》）明确提出，根据学段要求独立开设劳动教育必修课程，中小学的劳动教育课每周不少于1课时；职业院校以实习实训课为主要载体开展劳动教育，其中，劳动精神、劳模精神、工匠精神专题教育不少于16学时；普通高等学校要明确劳动教育主要依托课程，其中本科阶段课时不少于32学时。《意见》指出，劳动教育具有独立的教育目标、专门的课程体系、独特的教育方法和评价方式，但是劳动教育不是孤立存在的，它与德育、智育、体育、美育相互渗透，相互促进，与家庭和社会教育相互联动。劳动教育需要家庭、学校、社会的协同配合。

2. 劳动教育的意义

1）培养良好品德

通过参与劳动，学生能在实践中体会劳动成果的来之不易，从而明白劳动是创造幸福生活的源泉，进而树立“劳动最光荣、劳动最崇高、劳动最伟大、劳动最美丽”的观念，自觉抵制好逸恶劳、不劳而获等错误思想，最终形成正确的世界观、人生观和价值观。

2）提升综合能力

通过参与劳动教育中的多样化实践活动，学生不仅能在解决实际问题的过程中锻炼观察力、思考力和创造力，还能提升操作能力和实践能力，进而实现综合素质的全面发展。

3）促进身心健康

一方面，劳动过程可增强学生体质，提升身体机能；另一方面，劳动中克服困难、完成任务的经历，能有效缓解学业压力，培育积极乐观的情绪，并提升情绪管理能力，同时锻造坚韧不拔的意志品质，为学生心理健康发展奠定坚实基础。

4）增强职业认知

通过参与多元化的劳动实践，学生不仅能深度接触不同领域的工作场景与行业特征，更在认知职业样态的过程中逐步培育职业兴趣，进而建立科学的职业生涯规划意识，最终在实践探索中锚定个人发展方向，实现个体发展与社会需求的有机衔接。

三、我国劳动教育政策

劳动教育政策是国家对劳动教育的总体要求，对劳动教育的实施具有重要的指导作用。劳动教育政策随着我国社会、经济、政治和文化的发展变化不断完善。

改革开放后，我国劳动教育政策强调劳动对现代化建设的重要保障作用，逐步恢复中小学劳动教育课。1981年，《关于颁发全日制五年制小学教学计划（修订草案）的通知》明确指出中学劳动技术课程以服务“四个现代化”为目标，规定学校要开设劳动技术教育课。后来随着素质教育的推进，劳动教育更注重人本价值与学生综合素质的培养。1998年，教育部印发了《关于加强普通中学劳动技术教育管理的若干意见》，明确提出了劳动技术教育在素质教育中的重要性，并且把劳动教育纳入素质教育的范畴。

教育的根本任务是立德树人，培养德智体美劳全面发展的社会主义建设者和接班人。学生的理想信念、道德品质、知识智力、身体和心理素质等各方面的培养缺一不可。

——2023年5月31日，习近平总书记在北京育英学校考察时强调

进入21世纪，劳动教育的重要性更加凸显。2001年，教育部印发的《基础教育课程改革纲要（试行）》提出“从小学至高中设置综合实践活动并作为必修课程”，并把劳动教育纳入综合实践活动课程。2015年，教育部等部门发布了《关于加强中小学劳动教育的意见》，明确指出劳动教育对于学生健康身心和健全人格的重要作用，社会、学校和家庭都应担负起学生劳动教育的责任。《关于加强中小学劳动教育的意见》细化了劳动教育的目标、内容与

实施要求，着重培养学生劳动观念、意识和习惯，以适应现代社会发展需求。

2020年，中共中央、国务院印发《关于全面加强新时代大中小学劳动教育的意见》，指出劳动教育是我国社会主义教育制度的重要内容，直接决定社会主义建设者和接班人的劳动精神面貌、劳动价值取向和劳动技能水平。同年，教育部印发实施《大中小学劳动教育指导纲要（试行）》，《大中小学劳动教育指导纲要（试行）》主要面向学校，重点针对劳动教育是什么、教什么、怎么教等问题，细化有关要求。2025年1月，中共中央、国务院印发《教育强国建设规划纲要（2024—2035年）》要求“促进学生健康成长、全面发展。深入实施素质教育，健全德智体美劳全面培养体系，加快补齐体育、美育、劳动教育短板”“实施劳动习惯养成计划，提升学生动手实践能力、解决复杂问题能力和社会适应能力”。

总体上看，我国劳动教育政策与时俱进，始终与国家发展战略和育人目标紧密结合。

“绿色”大讲堂

当劳动教育走入数字时代——浙江宁海职教中心以“劳动云社区”平台探索劳动教育新路径

浙江省宁海县高级职业技术中心学校一直以来十分重视劳动教育。学校尝试创新劳动教育载体，开发了“劳动云社区”平台和377个劳动微课程资源，建成63个企业及行业劳动教育实践基地，探索劳动教育新途径，构建了中职特色的劳动服务机制，凸显了学生在劳动教育中的主体地位，真正让劳动深入人心，让劳动成为学生的一种生活方式，充分发挥了劳动的育人价值。

1. “劳动云社区”，数字化场景凸显中职特色

“劳动云社区”平台包含劳动实践云场景、劳动文化云场景、劳动评价云场景等三大云场景。这些云场景突破了供需双方的物理时空限制，借助数字化平台实现供需双方劳动项目自主选择、劳动文化展示和评价。

2. 劳动项目“O2O”，自主竞领给学生选择权

借助“劳动云社区”平台，学校构建了校、企、社和家庭四级联动的劳动教育联合体。目前学校有283个劳动团队在平台进行了实名注册登记。学校构建线上“动态发布、自主竞领”的“O2O”劳动项目自主选择机制，企业、社区利用“劳动云超市”不定期动态发布服务型、生产型劳动实践项目，劳动团队根据专业、兴趣、特长等“线上自主竞领”，项目供给方根据报名团队实际情况最终选择服务团队。

3. 劳动“社交圈”，唤醒学生内心的自觉

学校在云平台上搭建劳动学习圈，实现劳动课程学习的创生和交互。“社交式”学习汇聚集体智慧，实现了知识创生和个性化学习，参与劳动学习的学生既是劳动经验和智慧的“学习者”，也是“生产者”。

4. 劳动“云评价”，促成劳动教育“人本化”

劳动实践结束后，劳动团队从“安全、质量、创新、效率、流程、协作、工具爱护、环保”8个维度填写劳动质量自我评价表并上传至平台，围绕“以劳树德、以劳增智、以劳育美、以劳强体、以劳创新”开展劳动实践“思悟”评价。“劳动实践360度”评价体系既有对劳动教育单独的评价，也有对劳动教育与其他“四育”融合的评价，构建了“五育”融合的评价框架。

（资料来源：中国教育新闻网中国教育报．作者：王建科．部分删减改动）

三 任务三 当代职业劳动教育

◆ 学习目标

知识目标	(1)掌握当代职业劳动教育的内涵与目标 (2)了解当代职业劳动教育的主要内容与意义 (3)掌握当代职业劳动教育的实施途径与基本要求
能力目标	(1)结合案例,对职业劳动教育进行分析判定 (2)能够自觉培养正确的职业劳动观,提升职业劳动素养
素质目标	(1)认识到职业劳动教育对个人的重要性 (2)树立正确的职业观,激发参与职业劳动实践的热情

★ 劳动寄语

高质量发展离不开高质量的劳动创造。要结合发展新质生产力,深入贯彻新发展理念,广泛开展各种建功立业和群众性创新创造活动,组织引导广大劳动者立足本职岗位,在传统产业转型升级中攻坚克难,在新兴产业发展壮大中开拓进取,在未来产业培育生长中大胆探索,为构建新发展格局、推动高质量发展不断注入新动能。

——2025年4月28日,习近平总书记在庆祝中华全国总工会成立100周年暨全国劳动模范和先进工作者表彰大会上的讲话

(资料来源:学习强国平台)

★ 劳动启思

职业院校的劳动教育,不是吃苦流汗那么简单

职业教育是以就业为导向、以服务为宗旨的类型教育,因此职业院校的劳动教育应该是通识性劳动教育基础之上的职业性劳动教育。2020年7月,教

育部印发《大中小学劳动教育指导纲要(试行)》,对职业院校开展劳动教育提出了要求:重点结合专业特点,增强职业荣誉感和责任感,提高职业劳动技能水平,培育积极向上的劳动精神和认真负责的劳动态度。可见,职业院校的劳动教育不仅是让学生吃苦流汗,还要培养学生对劳动价值的认同和劳动态度的达成,发挥劳动教育综合育人的功能。

相比中小学和普通高校,职业院校在开展劳动教育方面有着独特优势。职业教育肇始于劳动实践,传承职业劳动技能与职业劳动精神,与劳动教育一脉相承。同时,职业院校有着更加丰富的劳动教育资源,不仅有实训基地等适合开展劳动教育的实践场所、实践平台,还有适合开展劳动教育的"双师型"教师以及行业和企业的支持,其丰富的劳动教育的实践资源是普通中小学和普通高校所不具备的。

真正将劳动教育融入人才培养的过程中,是职业院校不容推卸的责任。职业院校的劳动教育不仅要有职业知识和技能的传授,还要帮助学生树立良好的职业观念和职业道德。这需要职业院校高度认识开展劳动教育的重要意义和价值,加强顶层设计,充分发挥自身优势,构建起各具特色的劳动教育实施方案。

职业院校要有从为企业培养人才上升到为行业和社会培养接班人的更高站位,学生顶岗实习时,不能把学生交给企业后就不管不问,而是要加强过程管理和劳动价值引导,让学生保持实习的积极性,增强其责任感、成就感、荣誉感;在平日的教学活动中,则要思考如何让职业院校教师把劳动知识、劳动观和课程结合起来,鼓励专业教师在自己的专业教学、实习实训中,自觉地开展劳动教育,引导学生认识劳动、尊重劳动、热爱劳动。

在多元就业观日益流行的当下,劳动教育要引导职业院校学生在获得劳动技能和劳动知识过程中逐步树立起正确的劳动价值观,从而成长为专业技能硬、社会责任心强、自主创新能力强的新型劳动者,成就出彩人生。

(资料来源:职业院校的劳动教育,不是吃苦流汗那么简单. 工人日报,2021-07-22)

思考:什么是职业劳动教育?你觉得职业院校应如何开展职业劳动教育?

★ 劳动讲堂

劳动教育是中国特色社会主义教育制度的重要内容,直接决定社会主义建设者和接班人的劳动精神面貌、劳动价值取向和劳动技能水平。随着传统社会向现代社会发展，劳动教育中的“劳动性”日益弱化，组织化、规范化的职前准备教育愈发凸显，功能的演化决定了现代劳动教育的性质变化。因此，当代职业劳动教育的指向首先是劳动精神的培养，其次才是职业劳动技能的习得。

一、当代职业劳动教育的内涵与目标

职业教育是指为了培养高素质技术技能人才，使受教育者具备从事某种职业或者实现职业发展所需要的职业道德、科学文化与专业知识、技术技能等职业综合素质和行动能力而实施的教育，包括职业学校教育和职业培训。2022年，新修订的《中华人民共和国职业教育法》指出：“实施职业教育应当弘扬社会主义核心价值观，对受教育者进行思想政治教育和职业道德教育，培育劳模精神、劳动精神、工匠精神，传授科学文化与专业知识，培养技术技能，进行职业指导，全面提高受教育者的素质。”可见，职业教育和劳动教育之间有着密切联系。

1. 当代职业劳动教育的内涵

当代职业劳动教育是一种旨在培养学生职业素养和劳动技能，使其能够适应现代社会职业发展需求的教育活动。当代职业劳动教育具有职业教育与劳动教育的双重属性，它不仅要传授学生特定职业所需的专业知识和技能，还要培养学生的劳动观念、劳动精神、劳动习惯和劳动品质，使学生深刻理解劳动创造价值的社会意义，具备在职业领域中从事创造性劳动的能力。

2. 当代职业劳动教育的目标

1）培养正确的劳动观和职业观

在劳动观方面，职业劳动教育能够引导学生深刻理解劳动的本质与价值，认识到劳动是人类生存和发展的基础，无论是体力劳动还是脑力劳动，都具有同等的意义。通过职业劳动教育，学生能够摒弃轻视劳动、好逸恶劳的错误观念，树立起“劳动最光荣、劳动最崇高、劳动最伟大、劳动最美丽”的正确劳动观。在职业观方面，职业劳动教育能够帮助学生全面认识不同职业的特点、要求与社会贡献，消除职业偏见。通过职业劳动教育，学生能够明白每个职业都是社会分工体系的重要组成部分，无论从事何种职业，都能通过自身努力实现职业理想与人生价值。

2）培养正确的劳动精神与职业道德

劳动教育旨在培养学生的劳动精神，包括勤俭、奋斗、创新、奉献等精神。通过职业劳动教育，学生能够领会到“幸福是奋斗出来的”内涵与意义，继承中华民族勤俭节约、敬业奉献的优良传统，弘扬开拓创新、砥砺奋进的时代精神。通过职业劳动教育，学生能够具备良好的职业道德，如诚实守信、敬业奉献、保守职业机密等，在职业活动中尊重他人，注重团队协作，具有责任感和使命感，成为具有高尚职业品德的从业者。

3）形成基本的职业劳动能力

通过职业劳动教育，学生应具备满足职业发展需要的基本劳动能力和专业劳动能力，适应新时代的职业劳动形态的发展。随着时代的发展，职业劳动的形态发生了变化。职业劳动教育需要关注这些变化，通过职业教育和培训让学生熟练掌握特定职业领域所需的核心技能，不断提升学生的技能水平，使其达到甚至超越行业平均水平。

4）养成良好的劳动习惯和品质

通过长期、系统的职业劳动教育与实践，学生能够养成自律、勤奋、专注等劳动习惯和品质。例如，面对劳动任务，主动承担责任，不推诿、不逃避；在团队项目中，主动认领任务，积极寻找解决问题的方法；劳动时全身心投入，认真对待每一个劳动环节，注重细节。

综上所述，当代职业劳动教育的目标是多方面的，旨在培养学生的全面素质和适应新时代职业发展需求的劳动能力。

二、当代职业劳动教育的主要内容与意义

1. 当代职业劳动教育的主要内容

1）职业认知教育

开展职业劳动教育，让学生了解不同职业的特点、发展趋势、社会需求等，树立正确的职业观和职业理想。

2）职业技能培训

在职业劳动教育过程中，根据不同专业和职业方向，有针对性地开展技能训练，如数控、钳工、车工等操作技能，或会计电算化、软件开发、人力资源管理等专业技能。

3)劳动价值观教育

开展职业劳动教育，让学生明白劳动是创造财富和实现人生价值的根本途径，从而树立正确的劳动价值观。

4)职业素养培养

培养学生的职业素养，如团队合作能力、沟通能力、问题解决能力、创新能力、时间管理能力等。这些素养是学生在未来职业发展中取得成功的关键。

5)社会实践与体验

在职业劳动教育过程中，组织学生参加各类社会实践活动，如企业实习、社区服务、志愿服务等，让学生在实践中体验劳动的过程，提高其实践能力和社会责任感。

2. 当代职业劳动教育的意义

1)培养劳动者的职业技能，提升自我认知与职业规划能力

当代社会，职业细分程度不断提高，职业劳动教育能够针对特定领域为学生提供专业化技能培训，这些技能将成为学生未来进入职场的核心优势。此外，通过职业实践，学生不仅能清晰认知自己的兴趣、优势和不足，还能准确地进行自我定位，也能科学规划职业路径，有效避免职业选择的盲目性。

2)促进社会就业与经济增长，传承与创新职业文化

一方面，职业劳动教育培养出大量适应市场需求的专业人才，这些人才快速融入各产业体系，有效填补技术岗位空缺，提高劳动生产率，进而促进经济发展；另一方面，职业劳动教育通过师徒传承、行业实践等立体化培养方式，既系统保存了传统技艺的文化基因，又推动职业知识体系与时俱进，实现文化遗产的动态传承与创新发展。

3)提升国家竞争力，推动产业升级与创新驱动发展

职业劳动教育的目的是培育高素质、高技能的人才。在全球经济一体化的背景下，国家间的竞争越来越体现在人才的竞争上，拥有大量高素质的技术人才，能够提高国家在制造业、服务业等领域的竞争力。同时，现代国家的发展范式正经历深刻转型，产业升级与创新驱动发展战略的实施成为必由之路。

职业劳动教育通过产教融合的培养模式，使技术人才既具备前沿科技成果的转化能力，又具备新技术研发的实践思维，从而形成"科研—教育—产业"的闭环创新生态。这种教育机制有效促进了颠覆性技术的产业化应用，为构建创新型经济体系提供关键支撑。

三、当代职业劳动教育的实施途径与基本要求

当代职业院校的劳动教育是结合"职业"的本质要求和"教育"的根本目的的教育活动，是面向职业的、面向工作岗位要求的劳动教育。当代职业劳动教育的实施途径和基本要求是多方面的。

1. 当代职业劳动教育的实施途径

1）建立长效的劳动教育机制

职业院校应在专业人才培养方案中制定配套的劳动教育培养管理制度，确立各专业各工种融入劳动教育的目标，改革培养方式，积极推进新的培养方式，科学优化劳动教育考核机制。同时，职业院校应强化政治担当，将劳动教育置于学校立德树人的高度，成立学校劳动教育实施领导小组，加大学校在人力资源、物力资源和资金方面的投入，严格落实劳动教育课程要求和内容要求，足额优质开设劳动教育必修课程。

2）构建完善的劳动教育课程体系

职业院校应发挥思想政治理论课程的关键作用，加强马克思主义劳动观的教育，强化学生的劳动价值认同；发挥劳动教育必修课的主体作用，引导学生掌握必要的劳动知识和技能；发挥专业课程的渗透作用，结合专业特点，增强学生的职业荣誉感和责任感，提高其职业劳动技能水平；发挥劳动教育选修课的熏陶作用，把劳动教育与社团活动、专业特色和第二课堂结合起来。

3）打造科学的劳动教育实践育人平台

职业院校要充分利用学校、社会等主体，打造实践育人平台，形成全员、全过程、全方位的育人格局。在校内，多维度地积极营造劳动光荣、技能宝贵的校园文化氛围；在校外，与企业、社区等共建德育实践基地，构建社会大课堂的实践平台。

"蓝色"大讲堂

专业技能清单

技能点	重点
当代职业劳动教育的主要内容	(1)收集相关省内高职院校开展劳动教育的案例,讨论分析案例中职业劳动教育的主要内容 (2)调查并了解所在学校或学院是如何开展职业劳动教育的
当代职业劳动教育的意义	(1)参与校内外职业实践劳动,思考职业劳动教育对个人发展的意义 (2)结合专业给定的职业劳动教育场景,践行职业劳动教育,并总结实践收获

2. 当代职业劳动教育的基本要求

随着信息化、数字化时代的到来,劳动教育作为应对产业结构和劳动形态深刻变化的有效手段和实践路径,其内涵和形式与职业教育的联系更为紧密。因此,职业院校要将劳动教育融入人才培养、社会服务等功能中,发挥职业教育的优势,科学地开展职业劳动教育。

1)教育目标上的要求

职业劳动教育以培育适应现代产业需求的高素质技术技能人才为核心目标,在技能维度,要求学生熟练掌握特定职业技能与知识,尤其是职业领域的核心技能,深入理解相关的专业知识,具备独立完成工作任务的能力;在职业素养层面,培养学生的职业道德、职业精神和职业态度;在创新发展维度,注重培养学生的创新思维和创新能力,使其能够在工作中不断探索新方法、新技术,具备适应职业发展变化和自我提升的能力,为未来的职业晋升和职业转型奠定基础。

2)教育内容上的要求

职业院校应紧密围绕职业岗位需求,开展具有针对性的专业技能教育与训练,涵盖手工操作技能、机器设备操作技能、软件应用技能等;要将新的劳动技能融入职业教育技术教学中,同时加强职业规范和职业道德教育,使学生了解并遵守行业规章制度，培养学生的职业行为习惯，增强学生热爱劳动、尊重劳动成果的意识。

3）教学方法与手段上的要求

职业院校应以实践教学为核心，以实验、实习、实训、项目作业等多种形式为抓手，让学生在实际操作中学习和掌握职业技能，提高学生的动手能力和解决实际问题的能力；应充分利用现代信息和数字化技术，开展信息化智慧化教学，为学生提供更加直观、生动的学习体验，提高教学效果和教学效率。

4）教育环境与资源上的要求

职业院校应建设与职业岗位实际工作环境高度仿真的校内职业实训基地，配备先进的生产设备、工具和软件，为学生提供良好的实践教学条件，让学生在校园内就能体验到真实的职业氛围；应与企业建立稳定的合作关系，共建校外实习基地，为学生提供充足的实习岗位和实习机会，让学生在企业实际工作环境中得到锻炼，使其了解企业的生产经营管理流程，提高职业适应能力。

5）教育评价上的要求

职业院校应建立由学校教师、企业导师、学生（自评和互评）等共同参与的多元化评价体系，从不同角度评价学生的学习成果和职业能力，确保评价结果的全面性和客观性；应注重对学生学习过程的评价，包括学习态度、参与度、实践操作表现等，同时结合期末考试、技能考核、项目成果等总结性评价，全面反映学生的学习情况和职业能力水平；评价内容应全面化，应涵盖职业知识、技能水平、职业素养、创新能力、团队协作能力等多个方面，不仅关注学生的专业技能掌握情况，还注重学生的综合素质和职业发展潜力。

总体来讲，职业劳动教育应以习近平新时代中国特色社会主义思想为指导，全面贯彻党的教育方针，深入落实党中央、国务院关于全面加强新时代大中小学劳动教育的决策部署，坚持立德树人，把劳动教育融入人才培养全过程，贯穿家庭、学校、社会各方面，与德育、智育、体育、美育相融合，注重教育实效，实现知行合一、工学结合，促进学生形成正确的世界观、人生观和价值观。

★ 劳动拓展

新科技革命背景下的人类劳动形态变迁

近年来，随着人工智能、物联网、虚拟现实、大数据、云计算等技术在劳动场景中的广泛应用，新科技革命正在以前所未有的方式重塑自工业革命以来形成的劳动形态。这一颠覆性变革使人类劳动表现出与此前历次劳动变迁截然不同的特征，具体表现为劳动工具的“人格化”、劳动过程的“无人化”、劳动场域的“多维化”以及劳动分工的“去边界化”。

1. 劳动工具的“人格化”

劳动一经产生就与劳动工具密切地联系在一起。随着新科技革命的推进，人工智能、物联网、互联网等技术正在被广泛应用于一切人造物，进而使一切人造物正在经历着一个“知化”的过程。劳动工具也是这一“知化”过程的重要对象。过去仅仅能做重复性、机械性劳动的机器被人工智能、大数据、云计算等技术赋予了人的思维能力，即机器被赋予了人类的智慧，智能机器像人类一样具有指挥、组织、协调、决策、控制的能力。

2. 劳动过程的“无人化”

随着大数据、云计算、虚拟现实、人工智能等技术在劳动生产领域的广泛应用，生产过程的自动化程度将进一步提高。大量的工作岗位正在以前所未有的速度被各种各样的智能机器人取代。智能机器人对劳动力的替代正在延伸到人类社会的方方面面。

3. 劳动场域的“多维化”

人类社会的劳动场域在长期的发展历史中经历了几次重要转型。人工智能、物联网、虚拟现实等技术在劳动场域中的普及，将推动人类劳动进一步甚至彻底摆脱时间和空间的限制。互联网打破了工作的时间限制、地点限制、地域限制，使得组织生产不再局限于企业内部。因此，人类劳动生产的场域正在从过去的现实空间向虚拟空间延伸，并表现出超越时空限制的“多维化”特质。

4. 劳动分工的“去边界化”

劳动分工是人类为了提高生产力水平，对劳动活动按照不同的劳动功能和劳动形态进行有目的地区分的行为。当前，新科技革命正在加速变革劳动分工结构，使其呈现显著的“去边界化”表征。一方面，技术革新在推动人类社会不断进步的同时，也使其在各个层面愈益呈现高度复杂性和高度不确定性的特征。在劳动生产领域，为解决共同面临的各种复杂问题，跨行业、跨领域、多层次、多维度的分工合作将取代工业时代的精细化分工，各劳动形态、各生产领域的全方位交融将变得不可或缺。

（资料来源：部清攀．新科技革命背景下的人类劳动形态变迁．经济学家，2022（2）：53-63. 有删减改动）

★ 劳动实践

【实践项目】

开展“品‘四最’劳动故事，铸新时代劳动魂”主题故事会

【实践目的】

（1）运用所学知识能够提炼出教师提供的轻视劳动的案例中所反映出来的有关劳动教育缺失的问题，再结合学生分享的“四最”劳动故事分析劳动教育的意义。

（2）结合案例分析当代职业劳动教育的内容和实施途径。

（3）通过案例讨论，扩大知识面，更好地践行职业劳动教育。

【实践内容】

（1）针对教师收集的案例进行讨论与总结。

（2）结合案例中反映的职业劳动教育的问题，对职业劳动教育的实施途径及要求等进行分析与评价。

【实践考核】

（1）小组进行讨论汇报，要求思路清晰，观点明确。

（2）教师根据小组表现情况进行打分。

（3）教师对整体互动进行总结和点评。

扫码自测

项目二　树立正确的劳动价值观

- 项目二　树立正确的劳动价值观
  - 任务一　马克思主义劳动价值观
    - 马克思主义劳动价值观的含义及其产生
    - 马克思主义劳动价值观的理论内核
    - 马克思主义劳动价值观的传承与发展
  - 任务二　中国特色社会主义劳动价值观
    - 中国特色社会主义劳动价值观的形成背景
    - 中国特色社会主义劳动价值观的内涵
    - 践行中国特色社会主义劳动价值观
  - 任务三　当代大学生劳动价值观
    - 当代大学生劳动价值观存在的问题
    - 当代大学生劳动价值观的表现
    - 当代大学生劳动价值观的构建

项目导读

劳动教育的本质在于塑造科学的劳动价值观。在劳动教育实践中，劳动价值观发挥着核心引领作用。正确的劳动价值观能够引导个人树立正确的职业认知和人生目标，激发个人的劳动热情和创新潜能，帮助个人在劳动中实现自我价值，获得成就感和满足感，促进个人的全面发展和成长。大学生能否正确运用马克思主义劳动价值观指导自己的学习、工作和生活，直接关系着党和国家培养社会主义建设者和接班人这一根本任务的实现与否。

本项目以劳动价值观培育为核心，包括马克思主义劳动价值观、中国特色社会主义劳动价值观、当代大学生劳动价值观的构建三个部分，通过理论溯源，系统阐释马克思主义劳动价值理论，揭示劳动创造社会财富、推动历史进步的本质规律。本项目依托案例教学使学生深刻认知正确劳动价值观的时代价值，引导大学生树立科学的劳动价值观，激励其在日常学习生活中践行劳动精神，实现知行合一。

三 任务一 马克思主义劳动价值观

◆ 学习目标

知识目标	(1)掌握劳动价值观的内涵 (2)掌握马克思主义劳动价值观的核心内容
能力目标	(1)能够理解马克思主义劳动价值观的内涵,并结合案例进行分析判定 (2)能够认同并应用马克思主义劳动价值观
素质目标	(1)明确马克思主义劳动价值观的当代意义,树立正确的劳动价值观 (2)践行马克思主义劳动价值观

★ 劳动寄语

要大力弘扬劳动最光荣、劳动最崇高、劳动最伟大、劳动最美丽的社会风尚,营造尊重劳动、尊重知识、尊重人才、尊重创造的良好氛围,激励全体人民通过辛勤劳动、诚实劳动、创造性劳动实现对美好生活的向往。

——2025年4月28日,习近平总书记在庆祝中华全国总工会成立100周年暨全国劳动模范和先进工作者表彰大会上的讲话

(资料来源:国务院公报,2025第14号)

★ 劳动启思

1989年,黄文秀出生于百色革命老区的偏远乡村——田阳县巴别乡。从小,她目睹了家乡的贫困,深深懂得扶贫工作的重要意义和艰巨性,也点燃了她对扶贫事业的热爱和执着。2011年,通过组织考验后,黄文秀加入了中国共产党。2016年毕业后,她毅然选择回到百色老区,任职于百色市委宣传部。2018年初,她主动请缨到百坭村任第一书记。在村里担任第一书记时,她时刻

惦记着贫困群众的前途发展，舍小家为大家，带领村民种植砂糖橘，并试水电商，百坭村的贫困户从103户锐减到15户，418人成功脱贫，村集体经济项目收入翻倍。工作三年来，她兢兢业业，勤勤恳恳，取得了显著的成绩，得到同事、群众的肯定。

2019年6月16日晚，黄文秀不幸因公殉职。习近平总书记对黄文秀同志先进事迹做出重要指示，要求广大党员干部和青年同志要以黄文秀同志为榜样，不忘初心、牢记使命，勇于担当、甘于奉献，在新时代的长征路上做出新的更大贡献。黄文秀先后获得“时代楷模”称号、全国脱贫攻坚模范、全国五一劳动奖章、全国青年五四奖章、全国三八红旗手等荣誉。

（资料来源：最美奋斗者——黄文秀. http://zmfdz.news.cn/#/home）

思考：什么是劳动价值观？马克思主义劳动价值观的核心内容是什么？

★ 劳动讲堂

马克思主义劳动价值观在马克思主义理论体系中占据着核心地位，它不仅是理解社会经济运行规律的关键，更是指引当代社会发展和个人成长的灯塔。从个人维度看，准确把握马克思主义劳动价值观，有助于青年群体明晰职业发展方向，将个人奋斗融入社会发展洪流，在劳动创造中实现自我价值；从社会维度看，马克思主义劳动价值观为构建公平、和谐、可持续发展的社会提供了坚实的理论基础。

一、马克思主义劳动价值观的含义及其产生

1. 马克思主义劳动价值观的含义

价值观是基于人的一定思维感官之上而做出的认知、理解、判断或抉择，是人认定事物、辨别是非的一种思维或取向。劳动价值观是人们对劳动的基本看法和态度，是价值观的重要组成部分，包括人们对劳动的本质、意义、作用等方面的理解和认识，也包括对不同类型劳动的价值评价，还包括对劳动与个人成长、社会进步之间关系的判断。

马克思主义劳动价值观是在马克思主义辩证唯物主义、历史唯物主义的世界观和方法论指导下，基于劳动价值学说而形成的对劳动的本质、目的、意义、态度、劳动分工等方面的根本看法和基本观点。马克思的劳动价值观的基本立场和核心观点贯穿其整个经济理论体系。因此，要准确把握劳动价值观的深刻意义，必须从马克思的整个经济理论体系出发。

马克思主义劳动价值观包含经济学与人类学双重维度。经济学维度的劳动价值观倡导劳动创造商品价值，劳动是财富的基础；人类学维度的劳动价值观强调劳动对于形成人的本质、塑造人的能力、丰富人的社会关系所起的决定性作用。马克思主义劳动价值观对后世产生了深远影响，它启发我们不仅要树立“劳动是社会财富源泉”的观念，培养勤劳的美德，还告诉我们要通过劳动培育自身多种才能，实现个人的全面发展。

案例探讨1

近年来，职业院校毕业生就业选择呈现结构性失衡现象。部分学生不愿投身制造业一线，更倾向选择“冬暖夏凉、坐办公室”的轻松岗位，导致产业工人与技能人才队伍面临断层危机。有的毕业生宁可选择外卖配送等灵活就业方式也不去工厂工作，认为工厂劳动存在强度高、收入低、社会地位低等问题。有的毕业生因一时难觅理想岗位，便依赖父母供养，甚至持父母资助的资金周游享乐。有的毕业生则寄望于网络直播打赏、期货投机等快速致富途径，甚至滋生“嫁入豪门，少奋斗”的功利想法。

思考：结合案例谈谈你的看法。

答案

2. 马克思主义劳动价值观的产生

1）时代背景

19世纪工业革命的浪潮席卷欧洲，带来了生产力的飞跃式发展。工厂制度的兴起使得生产规模不断扩大，机器生产逐渐取代了手工劳动。然而，这种变革也引发了一系列深刻的社会矛盾。一方面,生产力的飞跃发展创造了巨大的社会财富;另一方面,财富分配严重不均,资本家占有了大量的剩余价值,工人阶级却在恶劣劳动条件下承受超长工时与低廉报酬的双重压榨。这种贫富差距的不断拉大,使得阶级对立日益尖锐,工人运动此起彼伏。正是这些现实矛盾为马克思主义劳动价值观的产生提供了历史契机。

2)思想渊源

马克思主义劳动价值观并不是凭空产生的,而是在批判性继承前人思想成果的基础上发展而来的。首先,德国古典哲学尤其是黑格尔的辩证法为马克思提供了重要的哲学方法论启示。黑格尔认为,劳动是人类自我实现的重要途径,通过劳动,人类能够不断地改造世界,同时也实现自身的发展。马克思汲取了这一思想的合理内核,并将其与唯物主义历史观相结合。其次,英国古典政治经济学家亚当·斯密的劳动价值论为马克思提供了重要的理论借鉴。最后,英法空想社会主义者如圣西门、傅立叶等对资本主义社会劳动异化现象的批判,以及对未来社会劳动组织形成的理想化设想,拓展了马克思对劳动与社会关系的思考维度。这些理论对公平、和谐劳动社会的价值诉求,为马克思主义劳动价值观的形成提供了宝贵的思想素材。

“红色”大讲堂

新时代大学生马克思主义劳动观教育的价值意蕴审视(节选)

不难发现,大学生群体由于受到不良价值观干扰,忽视了劳动的独特育人价值,忽视了马克思主义劳动观教育的重要性。面对这些问题和挑战,我们要明确马克思主义劳动观教育的多种价值,推动形成马克思主义劳动观教育的新格局。

(1)破解劳动价值观危机的“指明灯”。习近平总书记强调:“人世间的美好梦想,只有通过诚实劳动才能实现;发展中的各种难题,只有通过诚实劳动才能破解;生命里的一切辉煌,只有通过诚实劳动才能铸就。”

随着社会的不断发展,各种各样的文化思潮开始出现,在躺平心理、拜金主义、享乐主义、“佛系”主义等思想影响下,部分学生在选择职业时容易产生功利化思想,看重个人利益,忽视社会利益,以金钱和个人得失作为职业选择的衡量标准,追求高待遇的工作,不愿意参与专业技术要求高、创造性强、短时间无法获得高收益的工作。破解这一价值迷思,亟需以马克思主义劳动价值观为思想武器。马克思主义劳动价值观帮助大学生正确认识劳动的内涵和意义，明确个体在劳动过程中的主体地位，激发其积极性和创造性，是破解劳动价值观危机的“指明灯”。

(2)发挥“五育并举”效应的“黏合剂”。大学生要想实现全面发展，成长为德才兼备的高素质人才，必须在德智体美劳各方面均衡发展。近年来，劳动教育在一定程度上未能得到足够重视，与德育、智育、体育和美育之间的关系未能得到有机整合，在一些场域中被割裂和孤立。而马克思主义劳动观教育具有立德、增智、强体、育美的综合功能，可以进一步明确劳动教育在“五育并举”中的纽带和核心作用，架起劳动教育与其他四育统筹协调、融合共进的桥梁，是发挥“五育并举”效应的“黏合剂”。

(资料来源：陈秀，施敏．新时代大学生马克思主义劳动观教育的四维进路[J]．安庆师范大学学报(社会科学版)，2024(3)：64-65．有所改编整合)

二、马克思主义劳动价值观的理论内核

1. 劳动本体论的哲学重构——劳动创造人本身

劳动不仅创造了人的物质生活，也丰富着人的精神世界，促进人的成长。从猿到人的进化过程正是一部劳动创造奇迹的历史。考古研究表明，在漫长的人类进化过程中，古猿逐渐学会制造和使用工具，这种劳动实践促使它们的身体结构发生一系列适应性变化，如直立行走、双手更灵活、大脑不断发育。劳动不仅改变了人类的生理特征，更塑造了人类的智力和思维能力。同时，劳动也塑造了人类的社会属性。人类通过劳动与他人建立各种社会关系，形成社会分工和合作。随着劳动发展，社会分工日益细化，不同行业、不同职业之间的联系更为紧密，推动了人类社会不断进步。在马克思、恩格斯看来，人不仅通过劳动满足基本生存需要，创造和积累社会财富，还实现人之为人的自由本质。

2. 劳动价值论的经济学要义——劳动创造了价值

马克思认为，劳动是价值创造的唯一源泉。商品的价值是由生产该商品所耗费的社会必要劳动时间决定的，而这种劳动指抽象劳动，即撇开具体形式的一般人类劳动。马克思还对价值的本质、社会必要劳动时间以及劳动二重性进行了分析。

(1)价值的本质。价值规律是商品经济的基本规律。马克思认为,价值是凝结在商品中的无差别的人类劳动。商品具有使用价值和价值二重属性,使用价值是商品能够满足人们某种需要的属性;而价值是商品的社会属性,体现了商品生产者之间的社会关系。

(2)社会必要劳动时间。商品的价值量由生产该商品的社会必要劳动时间决定。社会必要劳动时间是指在现有的社会正常的生产条件下,在社会平均的劳动熟练程度和劳动强度下,制造某种使用价值所需要的劳动时间。

(3)劳动二重性。具体劳动和抽象劳动是同一劳动过程的两个方面。具体劳动创造商品的使用价值,它体现了人与自然的关系;抽象劳动形成商品的价值,它体现了商品与生产者之间的社会关系。

3. 劳动异化的社会历史批判——扬弃劳动异化

马克思指出,资本主义社会存在劳动异化现象。具体表现为以下几个方面:劳动者与自己的劳动产品相异化,表现为劳动者创造的产品不属于自己,反而成为统治自己的力量;劳动者与劳动过程相异化,表现为劳动不再是自愿的、愉快的活动,而是被迫的、痛苦的行为;劳动者与自己的类本质相异化,表现为人的自由自觉的劳动本质被扭曲;人与人之间的关系相异化,表现为工人之间、工人与资本家之间的关系被扭曲。

马克思认为,要扬弃劳动异化,就必须推翻资本主义制度,建立社会主义和共产主义社会;在新的社会制度下,消除私有制和剥削,使劳动成为人们自觉自愿的活动,实现劳动的解放和人的解放。

4. 劳动解放的实践指向——劳动自由与全面发展

马克思强调,劳动不仅是谋生的手段,更是实现人的自由本质的重要途径。通过劳动,人能够实现自我价值,获得自由和发展。马克思在《1844年经济学哲学手稿》中提到:“人在他所创造的世界中直观自身。”这表明劳动使人的本质力量得到对象化的显现,实现了人的自由和全面发展。

马克思认为,在共产主义社会,劳动将成为人们生活的第一需要,是一种自由自觉的活动。人们不再为了谋生而被迫劳动,而是根据自己的兴趣和爱好,自由地选择劳动方式和内容,在劳动中充分发挥自己的才能和创造力。

马克思认为,只有通过自由的劳动,人们才能实现自身的全面发展。在劳动中,人们不仅能够满足物质生活的需要,还能够不断提高自己的精神境界和文化素养,实现体力和智力、物质和精神、个体和社会的全面发展。

马克思主义劳动价值理论在发展过程中,逐渐成为马克思主义哲学中一个基本组成部分。它不仅涉及经济学领域,还涵盖哲学、政治学等多个学科,形成了完整的理论体系。马克思和恩格斯通过对旧社会的批判和对新社会的构想,逐步完善了劳动价值理论,使其成为理解社会现实和指导社会实践的重要工具。

三、马克思主义劳动价值观的传承与发展

马克思的劳动价值观是马克思主义政治经济学的理论基础。马克思主义劳动观第一次全面阐述了劳动在人类社会发展史上的决定性作用,由此揭示了人类社会发展的一般规律。马克思主义劳动价值观不仅在人类劳动学说史上具有重要的理论价值和历史地位,还为无产阶级革命实践和社会主义建设提供了理论指导。

中国共产党人在理论和实践上不断丰富和发展马克思主义的劳动观。改革开放前,中国共产党人强调和重视劳动在社会主义建设中的作用,确立了劳动者的主人翁地位,倡导劳动光荣,坚持按劳分配的社会主义分配原则;改革开放以来,更加重视科技和教育在劳动生产中的作用,尊重劳动者的主体意识,鼓励劳动致富,理顺收入分配关系,倡导体面劳动,发展和谐劳动关系。

1)社会主义建设时期,毛泽东对马克思主义劳动价值观的传承与发展

新中国成立后,毛泽东领导全国人民进行社会主义建设,马克思主义劳动价值观在这一时期得到进一步发展。在工业化建设方面,毛泽东强调集中力量发展重工业,鼓励广大劳动者发扬艰苦奋斗的精神,为国家工业化贡献力量。毛泽东曾说:“人民,只有人民,才是创造世界历史的动力。”这句话高度强调了人民作为劳动者的主体地位,指出人民群众的劳动是推动历史发展的根本力量。毛泽东高度赞扬劳动模范的事迹,通过宣传劳动模范,弘扬劳动精神。在这一时期,劳动模范大量涌现,如“宁可少活二十年,拼命也要拿下大油田”的“铁人”王进喜。劳动模范的精神,激励着无数劳动者为社会主义建设无私奉献。

2)改革开放时期,邓小平对马克思主义劳动价值观的传承与发展

邓小平指出,社会主义的本质是追求劳动者的自由和解放。邓小平在实践中把发展生产力作为基本国策。邓小平强调劳动的重要性,他指出“世界上的事情都是干出来的,不干,半点马克思主义都没有”“为了创造社会主义的幸

福生活,没有极艰苦的劳动,是不可能的”。这两句话充分体现了劳动的基础作用,强调社会主义的幸福生活需要通过艰苦的劳动来创造,只有实干才能推动社会发展,体现了马克思主义重视实践和劳动的核心观点。

3)新时代,习近平总书记对马克思主义劳动价值观的传承与升华

习近平总书记关于劳动的重要论述全面而深刻地总结了马克思主义劳动价值观,鲜明而集中地体现了他在新时代对马克思主义劳动价值观的传承和发展。习近平总书记指出:“劳动光荣、创造伟大是对人类文明进步规律的重要诠释。”习近平总书记提出了“四个最”理念,即“劳动最光荣、劳动最崇高、劳动最伟大、劳动最美丽”,要求在全社会营造“四最”氛围。同时,他强调以社会主义核心价值观中的“敬业”价值明晰个人层面劳动的价值导向。敬业价值中蕴含的是人们对生产劳动的尊重和责任,这是马克思主义劳动价值观的集中体现。

(1)习近平总书记坚持了马克思主义劳动价值观中关于劳动的价值内涵、价值主体和价值评价的基本观点。习近平总书记传承了马克思主义将工人阶级和广大劳动群众视为劳动价值主体的理念,坚持劳动平等的价值判断,同时丰富和发展了马克思主义劳动价值观中价值导向、价值实现和价值评价的内容。例如,“四最”理念的提出,以及对“敬业”在内的社会主义核心价值观的强调,进一步丰富了马克思主义劳动价值观的价值导向;而劳模精神、劳动精神、工匠精神等内容的提出,则对完善马克思主义劳动价值观中价值实现的内容做出重大贡献。

(2)习近平总书记肯定了广大劳动人民作为劳动的价值主体的地位。这是对“谁劳动谁创造价值”“劳动满足谁的需要才有价值”的明确回应。“我们的根扎在劳动人民之中。”习近平总书记的这句话,指出了我国的劳动人民——工人阶级和广大劳动群众,才是劳动的价值主体。习近平总书记强调“必须紧紧依靠工人阶级和广大劳动群众”,因为“实现中华民族伟大复兴的中国梦,根本上要靠包括工人阶级在内的全体人民的劳动、创造、奉献”。

(3)习近平总书记进一步丰富了新时代背景下劳动的价值导向。尊重劳动、尊重劳动者、努力劳动是马克思主义劳动价值观的核心内容。习近平总书记关于劳动的重要论述进一步丰富了这一理论内涵。他强调“四最”理念,将劳动的价值提升到了新高度,进一步回答了“劳动怎么样”的问题。“无论时代条件如何变化,我们始终都要崇尚劳动、尊重劳动者。”习近平总书记的重要论

述，如“劳动创造幸福，实干成就伟业”等，始终贯彻着马克思主义劳动价值观的基本观点。

马克思主义劳动价值观凝结着马克思、恩格斯等人对劳动的科学判断，浓缩着马克思主义者对劳动的价值内涵、价值主体、价值创造与选择、价值实现、价值评价等内容的总体看法和根本观点。尽管“劳动”的具体形式将随着时代变迁发生深刻变化，但是马克思主义劳动价值观的基本观点仍闪烁着无尽的真理光辉。

三 任务二 中国特色社会主义劳动价值观

◆ 学习目标

知识目标	(1)掌握中国特色社会主义劳动价值观的核心内容 (2)理解中国特色社会主义劳动价值观"四最"的意义
能力目标	(1)能够参透中国特色社会主义劳动价值观内涵并能对案例进行分析判定 (2)能够认同中国特色社会主义劳动价值观的价值
素质目标	(1)明确中国特色社会主义劳动价值观的时代意义树立正确的劳动价值观 (2)践行中国特色社会主义劳动价值观

★ 劳动寄语

在我们社会主义国家,一切劳动,无论是体力劳动还是脑力劳动,都值得尊重和鼓励;一切创造,无论是个人创造还是集体创造,也都值得尊重和鼓励。全社会都要贯彻尊重劳动、尊重知识、尊重人才、尊重创造的重大方针,全社会都要以辛勤劳动为荣、以好逸恶劳为耻,任何时候任何人都不能看不起普通劳动者,都不能贪图不劳而获的生活。

——2015年4月28日,习近平总书记在庆祝"五一"国际劳动节暨表彰全国劳动模范和先进工作者大会上的讲话

★ 劳动启思

聂伍军:一把砌刀垒出新高峰

"砌墙能砌出什么名堂?"或许有人会提出这样的疑问,但来自浙江三建的聂伍军却用一把小小的砌刀,砌出了自己的"精彩人生"——从普通砌筑工到

成为“技术能手”并荣获“全国五一劳动奖章”，聂伍军一路默默耕耘，赢得了很多人的赞誉和钦佩。

砌墙这个活儿，看似简单，但要砌得标准、美观，却并不容易，必须注重细节，每一步都要控制好，要不就会“差之毫厘，失之千里”。聂伍军对此深有体会，他说：“许多人认为砌筑只是一项简单的重复性劳动，但是，要将图纸变成生动、精美的建筑作品，需要更多巧思。”在他看来，每次砌筑都是一次艺术创造。他用了37年，将传统的固定木质杆改造成铝合金可伸缩杆，这一创新大大提升了砌筑工艺的适用性，“砌”出了一手绝活。

聂伍军践行“干一行爱一行，爱一行精一行”的理念，30余年如一日地钻研砌筑、镶贴、抹灰等工艺，练就了精湛的技术。他凭借着毫厘必争的工匠精神，在各大省市技能比武中脱颖而出。在浙江三建承建的德寿宫项目中，作为砌砖指导的聂伍军，对每一块砖的铺设区域都认真检查，确保横平竖直，不差毫厘。

如今，聂伍军把更多精力投入“传帮带”中，在做好本职工作之余，总是帮助同事把控砌筑质量，毫无保留地将自己的技艺精髓分享给同事和徒弟们。

聂伍军说：“我希望把这个工艺传承下去，吸引更多年轻人加入进来。”他认为，不管干哪一行，只要全身心地投入，就会有所收获，就能得到认可。哪怕只是一名小小的砌筑工，只要练就真本领，以“工匠精神”为标准砌好每一砖每一瓦，照样能脱颖而出。

（资料来源：劳模风采. 聂伍军：一把砌刀垒出新高峰—人物—中工网.）

思考：什么是新时代中国特色社会主义劳动价值观？

★ 劳动讲堂

习近平总书记强调，要“在全社会弘扬劳动精神、奋斗精神、奉献精神、创造精神、勤俭节约精神，培育时代新风新貌”。劳动创造幸福，实干成就伟业。崇尚劳动、热爱劳动、辛勤劳动、诚实劳动的劳动精神，集中反映了亿万劳动者的历史主动意识，彰显着推动人类社会发展进步的根本力量。这些都是中国特色社会主义劳动价值观的体现。中国特色社会主义劳动价值观是一个内涵丰富、意义深远的价值体系，集中体现了社会主义核心价值观在劳动领域的具体要求。

一、中国特色社会主义劳动价值观的形成背景

1. 政治背景

1）社会主义制度的本质要求

社会主义制度以生产资料公有制为基础，以实现共同富裕为根本目标，强调人民群众是国家的主人，劳动是创造财富和实现社会公平正义的基础。这就决定了社会主义国家必须高度重视劳动，尊重劳动者的主体地位及其劳动成果，将劳动价值观作为社会主义核心价值体系的重要组成部分。

2）国家政策的引导与支持

党的十八大以来，以习近平同志为核心的党中央高度重视劳动教育和对劳动价值观的培育，出台了一系列政策文件，强调要在全社会弘扬劳动精神，加强劳动教育，培养德智体美劳全面发展的社会主义建设者和接班人。这些政策为中国特色社会主义劳动价值观的形成和传播提供了有力的政策支持和保障。

2. 思想文化背景

1）马克思主义劳动观的指导

马克思主义认为，劳动是人类社会存在和发展的基础，是人类最基本的实践活动，劳动创造了人本身，也推动了社会的进步和发展。马克思主义劳动观为中国特色社会主义劳动价值观提供了坚实的理论基础，指导我们正确认识劳动的本质、价值和意义。

2）中华优秀传统文化的传承

中华民族有着悠久的劳动文化传统，“民生在勤，勤则不匮”“克勤于邦，克俭于家”等古训，都是对劳动的崇尚和赞美。中国特色社会主义劳动价值观，传承和发扬了中华优秀传统文化中的劳动精神，并与现代社会的发展需求相结合，赋予了劳动价值观新的时代内涵。

3. 经济背景

1）经济转型与产业升级

中国经济正从高速增长阶段转向高质量发展阶段，产业结构不断优化升级，从传统制造业领域向高端制造业、现代服务业、科技创新等领域迈进。在

转型过程中，对劳动者的素质和技能要求越来越高，促使人们更加重视劳动的创新性和创造性，这一趋势推动了新时代劳动价值观向注重知识、技术和创新的方向转变。

2）数字经济与新就业形态兴起

随着互联网、大数据、人工智能等技术的广泛应用，数字经济蓬勃发展，催生了众多新就业形态，如平台经济、共享经济等。这些新的经济模式打破了传统劳动的时空限制，创造了大量灵活多样的就业机会，也赋予了劳动新的内涵和形式，促使劳动价值观更加注重灵活性、自主性和创新性。

案例探讨2

大学生小於经常在微信朋友圈“晒图”，展示各种大牌化妆品，其月均消费较高，其中某个月的滴滴打车费为1174.87元，外卖订餐费为2218.69元，网购花费为4513.85元。然而，支撑她如此高消费的，却是网络刷单、刷好评、网络直播“打赏”套现和网贷周转等非常规手段。她总想“一夜暴富”，甚至幻想着“嫁个富二代，少奋斗10年”。

思考：结合案例谈谈你的看法。

答案

4. 社会背景

1）社会主要矛盾的转化

进入新时代，我国社会的主要矛盾已经转化为人民日益增长的美好生活需要和不平衡不充分的发展之间的矛盾。人们对美好生活的向往不仅包括物质生活的丰富，还包括精神生活的充实、自我价值的实现等。劳动作为实现自我价值、创造美好生活的重要途径，其价值和意义在新时代愈发凸显，促使人们形成更加积极、全面的劳动价值观。

2）社会文明程度的提高

随着中国经济社会的快速发展，社会文明程度不断提高，人们的思想观念日益多元和开放。在这样的社会环境下，人们对劳动的认识和理解更加深入，更加注重劳动的质量和意义，还追求劳动与个人发展、社会进步的有机统一。这一转变，推动了中国特色社会主义劳动价值观的形成和发展。

二、中国特色社会主义劳动价值观的内涵

1. 劳动平等

劳动平等体现为劳动机会平等、劳动过程平等、劳动成果分配平等三个重要方面。

(1)劳动机会平等,是指每个劳动者,不论性别、年龄、种族、民族、出身、宗教信仰如何,都应享有平等获得劳动机会的权利。在就业市场上,各类用人单位应根据劳动者的能力和岗位要求进行招聘,而不是基于与岗位无关的因素进行限制或歧视。唯有如此,才能确保每一位劳动者都能在就业竞争中享有平等的参与机会。

(2)劳动过程平等,意味着在劳动过程中,劳动者应受到平等的对待,拥有平等的工作条件、劳动报酬、职业发展机会等。

(3)劳动成果分配平等,是指劳动者根据自己的劳动贡献,公平地获得相应的劳动成果分配。这一原则确保了劳动者的劳动付出与所得成正比,体现"多劳多得、少劳少得、不劳不得"的公平理念。

"三百六十行,行行出状元",构建和谐的劳动关系就是要摆脱传统的"劳心者治人、劳力者治于人"的狭隘偏见,以平等的态度对待每一种劳动和每一位劳动者。我们必须树立职业平等观和劳动平等观。因为职业不分贵贱,劳动面前人人平等。

2. 劳动最光荣

习近平总书记指出:"让劳动最光荣、劳动最崇高、劳动最伟大、劳动最美丽蔚然成风。""劳动最光荣"置于首位,彰显了劳动在人类活动中应当享有的崇高地位。一方面,这是对劳动价值的肯定,强调劳动作为人类生存与发展的基础,其过程和成果都值得尊重与推崇。另一方面,"劳动最光荣"表达了对劳动过程的满足和对劳动成就的总结。它体现了劳动者在人性升华、智慧创造、自我突破等方面所展现出的创造力,是对劳动者尊严与价值的致敬。

劳动是人类生存和发展的基础,是人类最基本的实践活动。在新时代,无论是体力劳动还是脑力劳动,无论是简单劳动还是复杂劳动,劳动者都在通过自己的辛勤劳动为社会创造价值。这些劳动都值得被尊重和赞美,都应被视为光荣的事业。

例如,教育工作者辛勤耕耘,为国家培养了一代又一代的优秀人才;文化工作者通过创作,丰富了人们的精神文化生活,传承和弘扬了优秀的中华文

化;创业者凭借智慧和勇气,创造出有价值的产品或服务,不仅为社会创造了就业机会,也实现了自己的创业梦想。这些例子无不表明,智慧和汗水使个人价值充分彰显。这样的劳动是光荣的,值得我们尊敬和学习。

3. 劳动最崇高

“劳动最崇高”是中国特色社会主义劳动价值观的重要内涵,体现了对劳动的高度尊崇和对劳动者的深切敬意。党的二十大报告提出“坚持尊重劳动”,强调要尊重一切有益于人民和社会的劳动。劳动不仅具有物质生产的功能,还具有塑造人的品格、提升人的精神境界的深层价值。劳动能够培养人的责任感、使命感和奉献精神,让人在创造物质财富和精神财富的过程中,实现自身价值,升华自己的精神境界。

马克思指出,劳动是人类社会存在和发展的基础,劳动者是历史的创造者。他倡导劳动者团结起来,争取自身的解放和尊严,将“劳动最崇高”的价值理念与工人阶级的解放事业紧密相连。1918年11月16日,蔡元培先生在庆祝第一次世界大战协约国胜利的集会上首次提出“劳工神圣”的口号。从劳动者的视角来看,这一口号既是对劳动创造本质的深刻认同,更是对劳动者历史地位的庄严礼赞。历经中华人民共和国成立、改革开放的历史性跨越,国家一步步走向繁荣富强,“劳动神圣”的内涵亦随时代演进融入更多新的元素。

新中国成立后,在平凡的工作岗位上有一大批不平凡的劳动者,他们身体力行,以默默的行动诠释着高尚的情操。例如,“宁可少活二十年,拼命也要拿下大油田”的王进喜;“宁肯一人臭,换来万户香”的掏粪工人时传祥;“杂交水稻之父”袁隆平;“两弹一星”元勋钱学森;等等。他们以自己的劳动为国家和社会做出巨大贡献,他们的劳动体现了崇高的精神境界和价值追求。

4. 劳动最伟大

劳动是社会进步和历史演进的根本动力。从原始社会到奴隶社会,再到封建社会,直至现代社会,人类社会的每一次文明跃迁,无不是劳动驱动的必然结果。新中国成立以来,广大劳动者始终以建设国家为己任,以无私奉献的劳模精神持续奋斗,在社会主义建设各时期铸就了举世瞩目的成就——深圳建设者用数十年光阴将渔村缔造为国际都会;进入新时代,中国高铁的纵横驰骋、5G通信的领先全球、航空航天的逐梦苍穹,这些战略领域的突破性进展,无不是劳动者集体智慧的结晶;脱贫攻坚战场上,数百万基层干部扎根乡土,以劳动实践书写了脱贫攻坚的奇迹。这些历史性成就,无不彰显着新时代劳动者为实现民族复兴而拼搏奋进的伟大精神。

劳动既创造了辉煌的物质文明,更孕育了璀璨的精神文明,始终推动着人类文明的螺旋式上升,是伟大的。这种伟大不仅在于物质财富的积累,更在于精神境界的升华。倡导"劳动最伟大"的价值理念,正是弘扬中华民族在长期劳动实践中淬炼形成的勤劳勇敢、艰苦奋斗、团结协作的优秀品质。这种民族精神是中华民族在长期的劳动实践中形成的宝贵财富,是我们战胜困难挑战、走向繁荣富强的强大动力。

5. 劳动最美丽

劳动最美丽体现在劳动者的辛勤付出和创造过程中,也体现在劳动成果所展现的价值和意义上。劳动者用勤劳的双手和创新的智慧,创造出美丽的城市、丰收的田野、精美的艺术品等。同时,劳动者在劳动过程中所展现的坚韧、执着、创新等品质,更是劳动最美丽的生动写照。

值得一提的是,许多劳动者为了集体利益、国家利益和社会进步,默默奉献着自己的时间和精力,甚至不惜牺牲个人利益。他们不计个人得失,不求回报,将个人的命运与社会的发展紧密相连,用无私奉献为他人带来幸福,为社会创造价值。这种奉献精神彰显了劳动者的高尚品质,是劳动最美丽的重要体现。

三、践行中国特色社会主义劳动价值观

1. 个人层面

1)树立正确的劳动观念

深刻认识劳动的价值,摒弃好逸恶劳、不劳而获的错误思想;将劳动视为实现自我价值的途径,无论从事何种职业,都能意识到自己的工作对社会的贡献,从而增强职业认同感和责任感。

2)培养劳动习惯

劳动实践应始于日常微末之处:在家里,主动承担家务劳动,在整理房间、准备餐食中培养生活自理能力;在校园里,积极参与班级卫生清洁、图书归类整理等事务,让劳动成为浸润日常生活的行为自觉。正如陆游所言"纸上得来

终觉浅,绝知此事要躬行”,我们既要将正确的劳动认知融入生活点滴,更要通过实践体会劳动的乐趣,在身体力行的过程中自觉践行新时代中国特色社会主义劳动观,使劳动真正成为塑造健全人格、实现人生价值的重要途径。

“绿色”大讲堂

劳动教育赋能乡村振兴,高校引领青年人才担当作为

乡村振兴,关键在人才,解决靠教育。劳动教育作为中国特色社会主义教育制度的重要内容,直接决定社会主义建设者和接班人的劳动精神面貌、劳动价值取向和劳动技能水平。高校作为重要的人才智力资源聚集地和科技创新策源地,在育人过程中不仅要高度重视劳动教育独特的育人功能,积极构建科学的劳动教育体系,建立劳动教育长效机制,也要秉持服务社会的宗旨,在服务乡村振兴中紧跟社会发展需要,不断推进工作创新,通过弘扬劳动精神,加强劳动教育,构建劳动教育助推乡村振兴的协作机制和评价体系,引领青年人才为助力乡村振兴担当作为、拼搏奋斗。

劳动教育是一个复合型的教育概念,无论是“劳动+学科”还是“学科+劳动”,都是一种融合式教育。在当前的教育实践中,广泛存在着将“劳动”等同于“劳动教育”的现象,认为让学生参加劳动活动就是对学生进行了劳动教育。究其原因,是没有真正理解劳动教育的概念和内涵。从现代教育理念来看,当前劳动教育不仅仅是简单的技能培训,更是培养青少年全面发展的重要途径。

汇聚引领青年人才投身乡村振兴的价值引力,要着力弘扬劳动精神。一方面要坚持马克思主义劳动价值观,教育引导学生崇尚劳动、尊重劳动,懂得劳动最光荣、劳动最崇高、劳动最伟大、劳动最美丽的道理,培养其勤俭、奋斗、创新、奉献的劳动精神,使其树立正确的世界观、人生观、价值观。另一方面,要弘扬脱贫攻坚精神,这种精神中既包含着伟大的爱国主义情怀,又承载着自强不息的奋斗精神。在脱贫攻坚的伟大实践中曾涌现许多模范人物和先进事迹,为学生深化劳动认知、厚植劳动情感提供了有效参照,能有效引导大学生培育乡土情怀、规划职业方向,树立扎根乡村、服务乡村、振兴乡村的理想追求,激励大学生到农村基层一线建功立业。

(资料来源:劳动教育赋能乡村振兴,高校引领青年人才担当作为. 光明网)

2. 学校层面

1）加强劳动教育课程建设

将劳动教育纳入学校教育教学体系，开设专门的劳动教育课程，编写系统的劳动教育教材，课程内容涵盖劳动理论知识、劳动技能培训和劳动实践活动等方面，并根据不同年龄段学生的特点和需求，设置相应的教学内容。

2）营造劳动教育氛围

通过校园文化建设，营造浓厚的劳动教育氛围。一是利用校园宣传栏、校报等宣传阵地，宣传劳动模范的先进事迹，弘扬劳动精神；二是开展劳动主题的校园活动，如劳动技能竞赛、劳动文化节、志愿服务活动等，激发学生的劳动兴趣和积极性。

3）建立家校社协同育人机制

加强学校与家庭、社会的沟通与合作，形成协同育人的合力。例如，积极与社会各界合作，建立劳动实践基地，为学生提供更多的劳动实践机会。

3. 社会层面

1）弘扬劳动文化

制作和播放以劳动为主题的影视作品、公益广告等，充分利用各种媒体平台，宣传中国特色社会主义劳动价值观，传播劳动模范的先进事迹和普通劳动者的感人故事，营造尊重劳动、崇尚劳动的社会氛围。例如，央视播出的《大国工匠》系列节目，展现了大国工匠精益求精的工匠精神，激发了广大观众对劳动的尊重和敬仰。

2）完善劳动保障制度

建立健全劳动法律法规，加强对劳动者权益的保护，确保劳动者的合法权益得到充分保障；加大对劳动违法行为的打击力度，维护劳动市场的公平正义；完善劳动就业服务体系，为劳动者提供更多的就业机会和职业培训，保障劳动者充分就业促进其职业发展。例如，政府出台相关政策，鼓励企业吸纳就业困难人员，并为求职者提供就业补贴和培训支持。

任务三　当代大学生劳动价值观

◆ 学习目标

知识目标	(1)掌握当代大学生树立正确劳动价值观的途径 (2)掌握当代大学生劳动价值观的表现
能力目标	(1)能够理解当代大学生劳动价值观的内涵,并结合案例进行分析判定 (2)能够认同当代大学生劳动价值观
素质目标	(1)明确当代大学生劳动价值观的内容 (2)践行当代大学生劳动价值观

★ 劳动寄语

劳动是一切幸福的源泉。新形势下,我国工人阶级和广大劳动群众要继续学先进赶先进,自觉践行社会主义核心价值观,用劳动模范和先进工作者的崇高精神和高尚品格鞭策自己,焕发劳动热情,厚植工匠文化,恪守职业道德,将辛勤劳动、诚实劳动、创造性劳动作为自觉行为。

——2020年11月24日,习近平总书记在全国劳动模范和先进工作者表彰大会上的讲话

(资料来源:学习强国平台)

★ 劳动启思

杨应政:为向“新”而行注入“青”动力

杨应政,浙江省人大代表、安吉技师学院竞赛管理中心副主任,1999年出生于湖州安吉,是一名准“00后”,但他已经获得了全国技术能手、全国青年岗位能手、“浙江工匠”等多个荣誉。杨应政成绩的背后,是常人无法想象的辛苦

付出和努力。2019年，20岁的杨应政以全国管道与制暖选拔赛第一名的身份，代表中国参加第45届世界技能大赛，并夺得银牌。毕业后，多家一线城市的大企业向杨应政抛出了橄榄枝。但是经过深思熟虑，他最终决定留校任教。他说："我更希望将自己的技能、参加比赛的经验和心得传递给学生，让他们拥有一技之长，收获精彩人生。"（补充：杨应政是湖州职业技术学院2019届毕业生）

（资料来源：杨应政：为向"新"而行注入"青"动力—中国新闻网—浙江新闻）

★ 劳动讲堂

习近平总书记在2020年在全国劳动模范和先进工作者表彰大会上的讲话中指出："要开展以劳动创造幸福为主题的宣传教育，把劳动教育纳入人才培养全过程，贯通大中小学各学段和家庭、学校、社会各方面，教育引导青少年树立以辛勤劳动为荣、以好逸恶劳为耻的劳动观，培养一代又一代热爱劳动、勤于劳动、善于劳动的高素质劳动者。"青年大学生是国家的希望，民族的未来，应将崇尚劳动、热爱劳动、辛勤劳动、诚实劳动的劳动精神内化于心、外化于行，争做有理想、敢担当、能吃苦、肯奋斗的新时代好青年。

一、当代大学生劳动价值观存在的问题

1. 劳动认知偏差，歧视体力劳动

其一，部分大学生对劳动的认知存在偏差，将劳动简单等同于体力劳动，片面认为脑力劳动才是高级的、有价值的，忽视或歧视体力劳动。

其二，对劳动本质的认识偏差，将劳动简单等同于工作赚钱，没有意识到劳动对个人成长的作用及其与社会贡献的关联，甚至将劳动视为一种被迫的、痛苦的行为，是为了满足生存需求或完成学校或他人要求而不得不做的事情。他们没有体验到劳动过程中所带来的成就感和乐趣，对劳动持消极态度。比如，在参加一些实习工作时，他们只看到工作的辛苦和压力，而没有意识到通过努力工作不仅能收获实际成果，更能驱动个人能力的持续提升。

2. 劳动主动性不足，惰性明显

大学生劳动意识培养需要家庭、学校、社会协同作用。由于大学生在毕业前接触社会的机会有限，其劳动认知积累往往受到现实条件制约。更值得关注的是，部分家庭重智育、轻劳动，部分学校重理论、轻实践，导致青年学子劳

动意识培养存在明显短板，部分学生过度依赖外部安排，主动参与劳动的内驱力不足，甚至出现抵触劳动、逃避劳动的心理倾向。

这种认知偏差在校园生活中体现为“三不现象”：不愿参与义务劳动，将校园值日、志愿服务视为额外负担；不屑提升劳动技能，连基本生活自理能力都有欠缺，宿舍卫生常需他人代劳；不善利用实践机会，只满足于完成规定的志愿服务时长，自发参与社会实践的比例偏低。劳动意识的缺失不仅使青年养成懒散习性，更在就业环节衍生出连锁问题——职业竞争力薄弱、抗压能力差、面对挑战时“躺平”心态突出，难以适应职场发展要求。

案例探讨3

面对当前多元化的就业选择，部分毕业生容易滋生“这山望着那山高”的浮躁心态，导致频繁更换工作。七年前，某职业技术学院毕业生李某与同学共同进入巨人通力电梯有限公司湖州分公司实习，从电梯安装、保养等基础岗位做起。由于工作强度大且内容单调，李某的同学入职不足三月便选择离职，而李某选择坚守。七年间，李某凭借持续精进的专业能力和务实作风，不仅从实习生逐步成长为区域销售经理，更斩获省级技术能手等荣誉，在业界积累起良好口碑。如今他已成功创立个人工作室，带领团队攻克技术难题，实现了从普通劳动者到行业先锋的蜕变。

思考：结合案例谈谈你的看法。

答案

3. 劳动取向功利化，缺少奉献精神

受到个人主义、实用主义等价值理念和其他社会不良风气的影响，部分大学生劳动价值取向越来越功利化。一是在劳动价值终极目标上，重眼前利益轻长远利益，重个人利益轻集体利益，重物质享受轻精神追求，重即时满足轻理想追求；二是在劳动价值衡量标准上，认为只有获得高收入的劳动，才是有价值的，以个人财产多寡、权势大小、社会地位高低来衡量一个人是否成功；三是在劳动价值实现手段上，从推崇艰苦奋斗、勤劳致富倾向于投机取巧、不劳而获，甚至滋生“一夜暴富”的浮躁心理。

这种价值观导致他们在选择职业或参与实践活动时，首先考虑的是薪资待遇、奖金福利等物质因素，而对劳动本身所带来的自我成长、社会贡献等价值关注较少。他们只关注个人利益的实现，不理解自己的劳动与社会整体利益之间的关系，缺乏为社会创造价值的使命感和责任感。

4. 缺少吃苦精神，贪图享乐

由于大学生群体心智发展尚未完全成熟，知识体系与社会阅历存在局限性，其价值判断容易受不良思潮侵蚀。部分人受享乐主义、拜金主义等错误观念影响，劳动价值观出现显著异化：片面理解劳动的价值内涵，过度聚焦个人利益得失，将物质积累、功利交换、即时满足作为价值圭臬。这种认知偏差直接投射在就业选择上，表现为对工作环境、劳动强度、薪资水平的过度考量，普遍倾向选择“环境舒适、工作轻松、待遇优渥”的岗位。

在行为实践层面，受享乐主义驱使，部分学生试图通过捷径获取成功，存在“少劳多得”的投机心理。他们或幻想通过投机取巧实现利益获取，或片面夸大社会不公，由此滋生对踏实劳动的抵触情绪。这种价值错位不仅消解了劳动教育的育人实效，更在深层次上折射出青年群体在理想信仰塑造、奋斗精神培育方面的现实困境。

二、当代大学生劳动价值观的表现

1. 崇尚劳动

崇尚劳动是建立在对劳动本质深刻认知基础上的价值追求，其核心内涵包含三个维度：一是价值认同，将劳动视为人类文明进步的基石，认同其创造物质财富与精神价值的社会功能；二是伦理自觉，把劳动看作实现个人价值与社会发展的统一路径，对劳动成果保持敬畏之心；三是实践导向，在劳动过程中既注重物质产出，更珍视精神锤炼与人格完善。

从劳动形态的本质属性来看，无论是体力劳动与脑力劳动的类别区分，还是简单劳动与复杂劳动的程度差异，都是人类智慧与创造力的具象化呈现，都应得到尊重和礼赞。当代大学生要崇尚劳动，树立正确的劳动观念，尊重劳动本身的价值和意义，明白一切物质财富和精神财富都源于劳动，培育“劳动最光荣、劳动最崇高、劳动最伟大、劳动最美丽”的观念，摒弃好逸恶劳、不劳而获的错误思想，以积极的态度对待劳动。

2. 热爱劳动

热爱劳动是根植于内心的精神品格，其核心要义体现在三个层面：在情感认同上，将劳动视为实现自我价值的内在需要，而非单纯获取生存资料的手段；在行为实践上，展现对劳动活动的自发向往，在体力劳动与脑力劳动中均能保持专注投入；在价值追求上，将劳动过程升华为创造美好生活的精神实践，从中获得超越物质回报的深层满足。

大学生热爱劳动的具体体现有三个方面：在学业上，保持勤奋学习状态，注重专业知识和技能积累，通过系统训练提升专业素养；在生活上，培养独立自理能力，合理规划个人事务；在社会实践中，积极参与志愿服务，以饱满热情和认真态度对待每项任务，通过实践深化对劳动价值的理解。这种劳动热情既是对劳动精神的生动实践，也是新时代青年担当社会责任的具体体现。

中华民族是热爱劳动的民族，习近平总书记多次强调："劳动创造了中华民族，造就了中华民族的辉煌历史，也必将创造出中华民族的光明未来。"进入新时代，实现中华民族伟大复兴的中国梦更要依靠广大劳动者的热情劳动和努力奋斗。

3. 辛勤劳动

中华民族是勤于劳动、善于创造的民族。"人生在勤，不索何获。""民生在勤，勤则不匮。""不惰者，众善之师也。"这些古语警句都说明勤劳的重要性。辛勤劳动是为了实现目标或创造价值而付出大量努力、不辞辛劳的劳动态度和行为，是实现个人价值的重要途径。辛勤劳动是社会进步的基石。

当代大学生应秉持勤奋努力、吃苦耐劳的优良品质，愿意为了实现目标付出艰苦的努力，不怕困难和挫折。在学习和生活中，当代大学生要做到不贪图安逸，勇于承担责任，脚踏实地，持之以恒，通过辛勤的汗水和不懈的奋斗，创造属于自己的幸福生活。历史和实践反复证明：幸福不会从天降，美好生活必须依靠劳动来创造。

4. 诚实劳动

劳动者在劳动过程中应遵循诚实守信的原则，以合法、合规、道德的方式付出努力，创造价值。首先，劳动者应严格遵守国家制定的各项劳动法律法规与操作规范，不从事任何违法违规的生产经营活动，在工作中坚守职业操守，遵守职业规范，不弄虚作假、不敷衍塞责、不泄露商业机密等。其次，要以认真负责的态度对待工作，确保所生产的产品或提供的服务符合相应的质量标准，不偷工减料、不以次充好。诚实劳动不仅有助于个人建立良好的职业声誉，为个人的职业发展打下坚实基础，还是社会和谐稳定发展的基石。习近平总书记2013年在同全国劳动模范代表座谈时指出："人世间的美好梦想，只有通过诚实劳动才能实现；发展中的各种难题，只有通过诚实劳动才能破解；生命里的一切辉煌，只有通过诚实劳动才能铸就。”当代大学生应坚守诚实守信的原则，通过诚实劳动来实现人生的梦想、改变自己的命运，摒弃一切不劳而获、投机取巧、贪图享乐的错误思想。

5. 创造性劳动

创造性劳动是指劳动者运用自身知识、技能和智慧，通过创新思维和独特方法，对劳动对象进行加工和改造，从而创造出具有新颖性、独特性和社会价值的劳动成果的过程。创造性劳动能够突破传统思维和方法的束缚，引入新的理念、技术或模式，创造出前所未有的成果。因此，作为新时代劳动者后备军，当代大学生应通过学习创新方法、训练创新思维等方式，打破思维定式，培养发散思维、逆向思维等创新思维能力。这样才能在劳动中积极探索、勇于尝试，善于运用新知识、新技术、新方法解决问题，不断提高劳动效率和质量，通过创造性劳动为社会创造更多价值，推动科技进步和社会发展，成为创新型人才，为实现中华民族伟大复兴的中国梦贡献智慧和力量。

“蓝色”大讲堂

专业技能清单

技能点	重点
劳动最光荣	(1)根据教师提供的案例，分析案例中不良的劳动价值观 (2)根据劳模或工匠人物视频等相关信息，分析劳动最光荣的内涵
劳动平等	(1)根据教师提供的案例，分析案例中歧视劳动等不正确的劳动价值观 (2)总结社会中职业歧视或劳动歧视的社会偏见，从而增强劳动面前人人平等的认同感，自觉践行劳动平等的劳动价值观

三、大学生劳动价值观的构建

1. 加强理论学习，纠正认知偏差

一是深入学习劳动教育理论。学校开设了劳动教育相关课程，大学生应

认真学习，系统掌握劳动价值观的内涵、意义和作用，了解劳动在人类社会发展中的重要地位，从理论层面深刻认识劳动的价值。通过学习，大学生要认识到劳动没有高低贵贱之分，无论是体力劳动还是脑力劳动，无论是传统行业的劳动还是新兴领域的劳动，都具有同等的价值和意义。大学生应摒弃职业偏见，尊重每一位劳动者，不轻视任何一份工作，以平等的心态看待各种劳动。

二是研读经典著作和思想，可以研读马克思主义经典著作等，理解马克思关于劳动创造价值等理论；还可以学习习近平总书记关于劳动的系列重要论述，以科学的理论武装头脑，树立正确的劳动价值取向。

2. 积极投身劳动，改变消极劳动态度

大学生除了重视专业实习与实践劳动外，平时还要积极参与校园劳动，如宿舍及教室卫生打扫、校园环境维护等日常劳动，增强责任意识和集体荣誉感。同时，大学生要参加学校组织的义务劳动、勤工俭学等活动，在劳动中培养自立自强的品质。

此外，大学生要积极参与家庭劳动，主动承担家务劳动，如做饭、洗衣、打扫房间等，体会父母的辛苦，培养家庭责任感；同时积极参与社会志愿服务实践，增强社会责任感，从而真正懂得劳动的重要性，转变消极劳动态度，树立正确的劳动观念。

3. 培养艰苦奋斗精神，反对享乐主义

艰苦奋斗精神是中华民族的传统美德，也是推动社会进步的强大动力。自古代的“大禹治水，三过家门而不入”，到近代无数仁人志士为民族独立和国家富强而不懈奋斗，直至今日科研工作者攻克技术难题、创业者开拓新兴产业，艰苦奋斗精神始终一脉相承。对于大学生而言，艰苦奋斗意味着在学习上勤奋刻苦，努力掌握专业知识和技能，不断提升自身综合素质；在生活中勤俭节约，合理规划开支，不盲目追求物质享受；在面对困难和挫折时，不屈不挠，勇于挑战自我，以顽强的毅力和坚定的信念去战胜困难。

4. 弘扬劳模精神，摒弃功利主义

劳模精神彰显着时代的精神风貌，是社会主义核心价值观的生动体现，尤其劳模精神中爱岗敬业、甘于奉献的品质，为大学生价值观塑造提供了重要指引。大学生作为社会的未来栋梁，应向劳模学习，学习他们的高尚品质和精神，明确自身价值追求，将个人成长与社会发展相结合，摒弃功利思想，树立为社会进步贡献力量的远大目标。

★ 劳动拓展

开展劳动教育实践，让幸福在劳动中“油”然而生

2023 年 5 月 9 日下午，在浙江工贸职业技术学院瓯江口校区的油菜花田里，70 名学生忙得热火朝天。他们头顶草帽，手握镰刀，穿梭在田间，脸上洋溢着丰收的喜悦。这一幕正是学校组织在校学生开展劳动教育实践课的场景。这是学校深入贯彻落实习近平总书记关于劳动教育重要论述的举措。学生化身“农民”，从收割、搬秆、敲籽、筛籽、压籽成油，全程参与，亲身体验。参加劳动的学生如是说：“今天学校组织的一条龙的劳动体验课让我的大学生活增添了一份精彩，也收获满满。从弯腰的那一刻起，我真正体会到劳动的艰辛，也体会到了劳动的光荣。”

（资料来源：浙江工贸职业技术学院官网．https://www.zjitc.net/info/1016/58787.htm．有删减改动）

★ 劳动实践

【实践项目】

开展“劳动赋能青春，价值引领未来”主题演讲

【实践目的】

（1）资料收集：3～5 人一组，围绕大学生劳动价值观自行定题，查阅相关资料撰写演讲稿。

（2）结合自身认识，撰写演讲稿，引导和激励同学们树立正确的劳动价值观。

（3）注意演讲技巧，互相点评。

【实践内容】

（1）主题演讲活动：小组分工合作完成主题演讲稿写作，共同审读定稿，由代表现场演讲。

（2）自由讨论环节：演讲结束后，全体参与者针对各小组提出的观点和问题，进行深入交流和探讨，并撰写活动总结。该环节鼓励不同观点的碰撞和融合。

【实践考核】

（1）各组派代表参赛，各小组现场互评，确定优胜。

（2）教师根据小组完成情况和现场演讲情况进行打分。

（3）教师针对各组表现进行总结和点评。

扫码自测

项目三　践行劳动精神

- 项目三　践行劳动精神
  - 任务一　劳动精神
    - 劳动精神的内涵及其价值
    - 劳动精神与大学生全面发展
    - 劳动精神在新时代背景下的发展趋势
  - 任务二　劳模精神
    - 劳模精神的含义及其内涵
    - 劳模精神在历史上的体现
    - 践行劳模精神：模范的力量与传承
  - 任务三　工匠精神
    - 工匠精神的内涵与价值体现
    - 工匠精神的传承与挑战
    - 培育工匠精神：赋能职业教育高质量发展

项目导读

“民生在勤，勤则不匮。”在几千年历史长河中，中华民族始终传承着崇尚劳动、热爱劳动的优良传统，创造出灿烂的中华文明。劳动精神作为劳动人民在长期生产实践中形成的精神结晶，既体现为对劳动的深刻认知与价值认同，又彰显着劳动者特有的思想境界与心理品质。

本项目分为劳动精神、劳模精神、工匠精神三个部分，旨在通过系统性学习，引导大学生树立正确的劳动观念，鼓励大学生参加劳动实践，进而弘扬和践行劳动精神、劳模精神、工匠精神。

三 任务一　劳动精神

◆ 学习目标

知识目标	(1)掌握劳动精神的基本内涵 (2)了解劳动精神与个人发展的密切关系 (3)了解新时代背景下劳动精神的发展趋势
能力目标	(1)能够在学习后积极投身劳动实践 (2)能够在日常生活中传承和弘扬劳动精神
素质目标	(1)通过学习科学的劳动精神,建立健康的劳动观念 (2)通过系统学习,全面提升大学生文明素养

★ 劳动寄语

在长期实践中,我们培育形成了爱岗敬业、争创一流、艰苦奋斗、勇于创新、淡泊名利、甘于奉献的劳模精神,崇尚劳动、热爱劳动、辛勤劳动、诚实劳动的劳动精神,执着专注、精益求精、一丝不苟、追求卓越的工匠精神。劳模精神、劳动精神、工匠精神是以爱国主义为核心的民族精神和以改革创新为核心的时代精神的生动体现,是鼓舞全党全国各族人民风雨无阻、勇敢前进的强大精神动力。

——2020年11月24日,习近平总书记在全国劳动模范和先进工作者表彰大会上的讲话

(资料来源:学习强国平台)

★ 劳动启思

用奋斗诠释劳动精神

"我的一位老班长曾经给我讲过一段话,他说,什么叫做不简单,什么叫做

不容易，就是要长时期甚至用几十年的时间认认真真、持之以恒地做好一件事情，这就是不简单，就是不容易。”前不久，在国务院新闻办公室中外记者见面会上，获得全国劳动模范称号的贵州钢绳（集团）有限公司二分厂技术员、高级技师周家荣动情讲述了自己的成长之路。立足岗位、脚踏实地，干一行爱一行、钻一行精一行，周家荣等先进模范用拼搏奋斗实现人生梦想，以爱岗敬业弘扬劳动精神。

“劳动是一切幸福的源泉。”习近平总书记在全国劳动模范和先进工作者表彰大会上指出：“在长期实践中，我们培育形成了崇尚劳动、热爱劳动、辛勤劳动、诚实劳动的劳动精神。人间万事出艰辛。人世间的美好梦想，只有通过诚实劳动才能实现；发展中的各种难题，只有通过诚实劳动才能破解；生命里的一切辉煌，只有通过诚实劳动才能铸就。”崇尚劳动、热爱劳动、辛勤劳动、诚实劳动，是人生出彩的金钥匙，也是创造美好生活的必经之路。奋斗“十四五”、奋进新征程，我们必须大力弘扬劳动精神。

不可否认，随着经济社会发展，劳动的方式在发生变化，但“功崇惟志，业广惟勤”始终是不变的人生哲理。回首历史，从“走在时间前面的人”王崇伦到“当代雷锋”郭明义，从“铁路小巨人”巨晓林到“金牌焊工”高凤林……一代又一代热爱劳动、勤于劳动、善于劳动的高素质劳动者，用对事业的“痴”、对岗位的“爱”、对工作的“狂”，垒筑起共和国的巍峨大厦，标注了建设者的奋斗底色。个人向上，国家向前，他们在劳动中收获了个人成长，也为国家发展做出了贡献。

“一勤天下无难事。”有人曾问齐白石，画画的秘诀是什么？他笑答：“要每日作画，不叫一日闲过！”他曾在一首诗中如此描写自己的艺术劳动：“铁栅三间屋，笔如农器忙；砚田牛未歇，落日照东厢。”肯花气力、肯下苦功、肯去钻研，方能换来“功夫深处见天然”的精湛画艺。无论是体力劳动还是脑力劳动，无论是简单劳动还是复杂劳动，做好的道理都是相通的。一切劳动者，只要肯学肯干肯钻研，练就一身真本领，掌握一手好技术，就能立足岗位成长成才，在劳动中发现广阔的天地，在劳动中体现价值、展现风采、创造生活。

三百六十行，行行出状元。如今，职业版图在不断拓展，人们的职业选择日益多元。大家的职业或许不同，岗位或许有别，但自己的双手、智慧和汗水，始终是美好生活最坚实、最可靠的依托。历史和现实充分证明，有坚定的理想信念，有不懈的奋斗精神，脚踏实地把每一件小事做好，一切平凡的人都可以赢得不平凡的人生，一切平凡的工作都可以成就不平凡的业绩。

“人民创造历史，劳动开创未来。”现在，全面建成小康社会已经实现，中华民族伟大复兴向前迈出了新的一大步。新时代为每个人提供了无比广阔的人生舞台，呼唤人们通过诚实劳动、勤勉工作创造更加幸福美好的生活。崇尚劳动、热爱劳动、辛勤劳动、诚实劳动，不弃微末、久久为功，光荣必将属于我们，幸福必将属于我们。

（资料来源：学习强国平台）

思考：什么是劳动精神？你还知道哪些关于劳动的小故事？

答案

★ 劳动讲堂

一、劳动精神的内涵及其价值

1. 劳动精神的内涵

劳动精神是劳动人民在长期生产实践中形成的对劳动的态度、情感和价值追求，是一种思想意识与心理状态。

马克思主义劳动观是当代中国劳动精神的思想内核和价值依归，对劳动精神的培育和弘扬有着奠基性和指引性意义。

劳动精神既蕴含着传统文化基因，又体现出与时俱进的时代精神。从古代的农耕文明到现代工业革命，劳动精神一直是推动社会进步和文明发展的核心动力，体现出劳动人民的智慧和勤劳。在古代，劳动精神被赋予了丰富的道德内涵，儒家思想中的“勤以养德”，强调勤劳是培养个人品德的重要途径。在现代社会，劳动精神的传承与发展被赋予新的时代内涵，“劳模精神”“工匠精神”的倡导，更以一丝不苟、无私奉献、精益求精、追求卓越为价值追求。

在新时代背景下，劳动精神的内涵进一步拓展，与社会主义核心价值观深度结合，构建了新时代的劳动精神体系。

2. 劳动精神的价值

劳动精神是中华民族传统文化的赓续传承，劳动精神自古以来就流淌在中华民族的血脉之中。

1）劳动精神对个人成长的推动作用

劳动精神是个人成长过程中不可或缺的精神品质，激励着人们在追求理想的道路上不断前行。劳动精神的培养不仅关乎个人品质，更助力职业发展。这种精神有助于培养责任意识，激发创新潜能，最终实现全面发展。

2）劳动精神在促进社会和谐与稳定中的作用

劳动精神是社会和谐稳定的重要基石。它既是个人实现价值的动力源泉，也是社会进步与国家发展的核心支撑。正如马克思所言："劳动是人类生活的第一需要。"通过劳动，人们不仅能创造物质财富、满足基本生活需求，更能在实践过程中培育责任感、自律意识和团队协作精神。这些优秀品质的养成，为构建和谐社会奠定了坚实基础。劳动者通过自身努力改善生活条件的同时，也为社会和谐稳定注入正能量。此外，劳动精神通过保障公平劳动权益，既能有效缓解社会矛盾，又能增进社会成员间的理解尊重，从而为社会和谐稳定提供根本性保障。

3）劳动精神在塑造社会主义核心价值观中的地位

劳动精神在构建社会主义核心价值观中占据着举足轻重的地位。它不仅是社会主义核心价值观的重要组成部分，更是推动社会主义现代化建设的精神动力。劳动精神的弘扬，不仅体现在劳动者素质上，更体现在创新能力的增强上。习近平总书记多次强调："劳动最光荣、劳动最崇高、劳动最伟大、劳动最美丽。"这一重要论述深刻揭示了劳动精神在社会主义核心价值观中的核心地位，激励着广大劳动者以实际行动践行劳动精神，为实现中华民族伟大复兴的中国梦贡献力量。

4)劳动精神在引导青年成长与价值观形成中的影响

劳动精神的培育对青年一代的成长和价值观形成具有重要的作用,助力青年构筑正确的世界观、人生观和价值观,使他们在复杂多变的社会环境中始终保持初心,持续追求卓越。奋斗既是青春最亮丽的底色,也是青年成长成才的必由之路。大学生应积极投身校园内外劳动实践,通过实践增强就业竞争力,提升职业适应性,提升综合素质。

二、劳动精神与大学生全面发展

1. 掌握基础劳动知识与技能,树立正确劳动价值观

马克思主义劳动价值观强调:“劳动首先是人和自然之间的过程,是人以自身的活动来引起、调整和控制人和自然之间的物质交换的过程。”中华民族自古以来崇尚劳动、热爱自然。我国第一部诗歌总集《诗经》中就有大量关于劳动场景和劳动生活描述的诗歌,生动地展现了当时人们在田间地头生活劳作的情景,也传达出对劳动者的赞颂与敬意。

劳动精神作为新时代人才培养的重要内核,对大学生劳动素养的塑造具有系统性作用。通过劳动实践与价值观引导的双向融合,大学生不仅能够掌握基础劳动技能,更能形成对劳动本质的深层认知。

2. 弘扬劳动精神,提升综合素养

党的二十大报告指出:“全面贯彻党的教育方针,落实立德树人根本任务,培养德智体美劳全面发展的社会主义建设者和接班人。”在践行这一教育使命的进程中,劳动精神不仅体现在物质财富的创造上,更体现在精神财富的积累和社会文明的进步上。这需要新时代奋斗者修德增智、埋头苦干、奋勇前进,为全面建设社会主义现代化国家、全面推进中华民族伟大复兴而团结奋斗。

习近平总书记强调:“要在学生中弘扬劳动精神,教育引导学生崇尚劳动、尊重劳动,懂得劳动最光荣、劳动最崇高、劳动最伟大、劳动最美丽的道理,长大后能够辛勤劳动、诚实劳动、创造性劳动。”劳动教育具有树德、增智、强体、育美的综合育人价值。通过实施劳动教育,引导学生理解并树立马克思主义劳动观,从思想深处厚植热爱劳动、尊重劳动的价值理念,深刻体悟劳动创造美好生活的实践逻辑,着力培育勤俭节约、艰苦奋斗、开拓创新、无私奉献等劳动品格,使其最终成长为现代化建设者和实践者。

3. 践行劳动精神，实现人生价值

大学生掌握基础的劳动知识与技能，是培育正确劳动价值观的根基。需要强调的是，劳动技能的提升不应囿于课堂理论知识的传授，关键在于实现知行合一。通过参与志愿服务、公益劳动、职业体验等实践活动，大学生可以亲身体验劳动的艰辛与乐趣，深刻理解劳动的价值与意义。劳动实践既是锤炼动手能力的训练场，也是培养团队协作精神和解决问题能力的孵化器。劳动实践是大学生了解社会、认识国情的重要途径，有助于增强其社会责任感和使命感。

三、劳动精神在新时代背景下的发展趋势

党的二十大报告提出："在全社会弘扬劳动精神、奋斗精神、奉献精神、创造精神、勤俭节约精神，培育时代新风新貌。"社会主义是干出来的，幸福是奋斗出来的。在新的历史方位下，当代大学生要牢固树立"劳动最光荣、劳动最崇高、劳动最伟大、劳动最美丽"的价值理念，通过劳动创造更加美好的生活，为全面推进中华民族伟大复兴贡献力量。

进入新时代，习近平总书记强调弘扬崇尚劳动、热爱劳动、辛勤劳动、诚实劳动的劳动精神，营造良好社会风尚，培育时代新风新貌。

新时代的劳动者在推动社会主义现代化建设中发挥着不可替代的作用。他们以实际行动诠释了劳动精神，不仅在物质文明建设中贡献力量，也在精神文明建设中发挥着引领作用，成为社会主义核心价值观的重要传播者和实践者。

劳动精神作为中华优秀传统文化的组成部分，与社会主义核心价值观的价值取向和实践要求一致，是培育和弘扬社会主义核心价值观、加强社会主义精神文明建设不可缺少的一环。社会主义核心价值观与劳动精神相互呼应，是以爱国主义为核心的民族精神和以改革创新为核心的时代精神的生动体现，共同构建着社会主义的核心价值体系。

“红色”大讲堂

劳模工匠进校园，讲好“开学第一课”

近日，以“强国复兴有我，中国梦劳动美”为主题的湖州市劳模工匠进校园“开学第一课”示范宣讲活动在湖州职业技术学院举行。来自不同行业的多位劳模走进校园，用自己的经历、成长故事、奋斗历程，为广大师生诠释了劳模精神、劳动精神、工匠精神。

湖州市技术能手、湖州市导游讲解员大赛第一名、湖州职业技术学院旅游管理学院教师王兆成以“你的青春准备好了吗”为题发表演讲，呼吁广大青年学子用实际行动诠释青春的担当与责任。他以“英雄不在天边，模范就在眼前”为主题，告诉广大青年学子要用实际行动传承并践行劳模精神，不怕失败，跨越困难，在奋斗中享受青春。

全国五一劳动奖章获得者、浙江省劳动模范、湖州市中医院护理部主任朱惠芳，将自己的工作经历娓娓道来。她从事护理工作38年，二度援非，三次受勋。在抗击非典、禽流感和新冠疫情中，她始终带头奋战在一线，其感人的事迹令现场师生们肃然起敬。

全国劳动模范、大国工匠——江苏信息职业技术学院首席技师陈亮，以匠心守初心，他带领的劳模创新工作室充分发挥了难点攻坚作用。他表示，发展新质生产力离不开大批的高技能人才、能工巧匠、大国工匠，离不开他们在自己领域的深入钻研、执着追求。

全国劳动模范、全国道德模范、大国工匠、浙江省总工会副主席（兼）、浙江省海港集团宁波北仑第三集装箱码头有限公司桥吊班大班长竺士杰，以“劳动创造幸福，技能成就梦想”为主题发表演讲，开启了与学生们的交流之旅。他从亲身经历出发，讲述了如何在挑战与机遇中崛起，坚守“初心、匠心、创新、师心、诗心”，一步步在专业领域精进技艺，以技术创新在行业发光发热，成为家庭支柱和社会中流砥柱的故事。

湖州职业技术学院相关负责人介绍，这场意义非凡的“开学第一课”，鼓励广大青年学子以劳模为榜样，践行劳模精神、劳动精神、工匠精神，争做有理想、敢担当、能吃苦、肯奋斗的新时代好青年。

（资料来源：学习强国，有删减）

三 任务二 劳模精神

◆ 学习目标

知识目标	(1)掌握劳模精神的内涵 (2)了解劳模精神的历史发展 (3)熟知新时代背景下劳模精神的核心内容
能力目标	(1)能够积极、主动向新时代劳模学习 (2)能够在日常生活中传承和弘扬新时代劳模精神
素质目标	(1)增强学生的自主学习能力和综合素质 (2)培养学生的责任心,为未来职业选择和发展做好准备

★ 劳动寄语

劳动模范是民族的精英、人民的楷模,是共和国的功臣。我国是人民当家作主的社会主义国家,党和国家始终坚持全心全意依靠工人阶级方针,始终高度重视工人阶级和广大劳动群众在党和国家事业发展中的重要地位,始终高度重视发挥劳动模范和先进工作者的重要作用。

——2020年11月24日,习近平总书记在全国劳动模范和先进工作者表彰大会上的讲话

(资料来源:学习强国平台)

★ 劳动启思

思考:什么样的人可以称为"劳模"?我们国家的劳动模范是怎么评选出来的?

答案

★ 劳动讲堂

一、劳模精神的含义及其内涵

1. 劳模精神的含义

“劳模”全称“劳动模范”，是指在社会主义建设事业中取得卓越成就的劳动者。该荣誉称号需经过职工民主评选、有关部门审核以及政府审批等程序方可授予。“全国劳动模范”由中共中央、国务院联合授予，是我国最高规格的荣誉称号之一。

2. 劳模精神的内涵

习近平总书记用“爱岗敬业、争创一流、艰苦奋斗、勇于创新、淡泊名利、甘于奉献”来概括新时代的劳模精神内涵。由此可见，劳模精神是一种具有引领示范性质的精神旗帜，是引领中华民族新时代发展的先进精神，彰显了中华民族团结奋进、开拓创新的时代风貌。劳模精神推动着社会、科技的进步，激励着广大劳动者在各自的岗位上追求卓越，铸就辉煌。它不仅是个人成长的动力，更是社会发展的基石，凝聚起实现民族复兴的磅礴力量。

1）劳模精神是爱岗敬业、争创一流的不懈追求

爱岗敬业是指热爱自己的本职工作，体现了忠于职守的事业精神，这是职业道德的基石。每位劳动者都应树立正确的岗位意识，认识到工作岗位不分高低贵贱，皆可成为施展才干、奉献力量、倾注热爱、实现人生价值的舞台。“敬业”是一个人对工作恭敬、负责的态度。中华民族自古便有“敬业乐群”“忠于职守”的优良传统。春秋时期，孔子就提出过“执事敬”“事思敬”的主张，强调为事业尽心尽力。这种精神在现代社会依然焕发着生命力，激励无数劳动者在岗位上恪尽职守、追求卓越。爱岗敬业既是个人职业发展的根基，也是社会进步的驱动力。

“争创一流”是爱岗敬业精神的升华，展现了追求卓越、超越自我的精神风貌。劳模们在工作中精益求精，勇于挑战极限，在各自领域追求高标准，这种

精神的传承不仅提升个人与企业的竞争力，更为国家的发展注入强劲动力。新时代的劳模精神正引领广大劳动者在产业变革中勇攀高峰，为中国式现代化贡献力量。

新时代，爱岗敬业、争创一流不仅是公民应具备的基本职业道德，更是重要的价值准则。一个人无论从事哪个行业、担任何种职务，都应以扎实的行动和奋进的精神践行这一朴素而崇高的民族美德。在工作中，我们要时刻保持良好的工作态度，勤恳钻研、刻苦努力，在平凡的岗位上铸就非凡的人生。提倡爱岗敬业、争创一流也是促进人的全面发展的关键路径。它要求广大劳动者在本职工作上积极思考、不断创新，增长才干。当今各行各业涌现的劳模正是“爱岗敬业、争创一流”的践行者。

从20世纪90年代的活雷锋徐虎，到新时期产业工人的杰出代表许振超、“高炉卫士”孟泰，从“知识工人”邓建军到“大山女孩的明灯”张桂梅，这些先进典型干一行、爱一行、精一行，心无旁骛地刻苦钻研，不仅攻克了一个又一个难关，更是在本职岗位上做出了突出贡献，达到了爱岗敬业、争创一流的崇高境界。

2）劳模精神是艰苦奋斗、勇于创新的完美体现

艰苦奋斗是一种不怕艰难困苦，锐意进取的斗争精神，是中华民族的传统美德，更是民族精神的重要内容之一。中华民族在长期的奋斗历程中形成了艰苦奋斗的宝贵精神财富，它激励人们在面对困难和挑战时要不屈不挠，勇往直前。这种精神在劳模身上体现得尤为突出。他们不畏艰难险阻，以坚定的信念和顽强的毅力，在各自的岗位上创造出辉煌的业绩。无论是面对技术难题，还是面对艰苦的工作环境，劳模们都能迎难而上，以过人的勇气和智慧攻克难关，展现出一种坚韧不拔、百折不挠的精神风貌。

勇于创新则是劳模精神的又一重要体现。在快速发展的现代社会中，创新已成为推动社会进步的重要力量。劳模们奋战在一线，不断探索新技术、新方法，敢于打破常规，勇于尝试新的思路和方法。正是这种勇于创新的精神，使得他们能够在各自的领域中不断取得突破性的成果，为推动社会、科技等方面的进步做出卓越贡献。同时，他们的创新精神也激励着更多在平凡岗位上工作的劳动者勇于挑战自我，敢于探索未知，为社会的繁荣发展贡献智慧和力量。

全国道德模范、中国第一代核潜艇工程总设计师黄旭华院士为我国核潜

艇事业放弃高薪厚禄，自1958年起三十年间隐姓埋名，默默扎根在研究一线，刻苦钻研，奉献出毕生精力，为核潜艇的研制做出了卓越贡献。在那个科学技术尚不发达的年代，技术封锁、物资匮乏，黄旭华带领团队攻坚克难，成功研制出了我国第一代核潜艇，使中国成为世界上第5个拥有核潜艇的国家，让中国海军正式跨入“核时代”，为我国国家安全和科技进步立下了汗马功劳。黄旭华院士的一生，是为国家富强、民族复兴而不懈奋斗的一生。因此，他被誉为“中国核潜艇之父”。他的成就不仅是中国科技史上的里程碑，更是艰苦奋斗、勇于创新的劳模精神的生动写照。

3）劳模精神是淡泊名利、甘于奉献的高贵品质

何为“淡泊名利、甘于奉献”？中华民族自古就有“先天下之忧而忧，后天下之乐而乐”的奉献品质和“非淡泊无以明志，非宁静无以致远”的淡泊精神。我国著名当代诗人汪国真也曾说：“非分的欲望鼓舞人，也戕害人。淡泊，不是没有欲望，属于我的，当仁不让；不属于我的，千金难动其心，这就是一种淡泊。”由此可见，淡泊名利、甘于奉献就是在欲望面前能将个人得失置之度外，保持心态平和，积极进取，不求名利回报，不贪图虚荣，有奉献精神。

“时代楷模”邓清明，他的飞天故事也充满了淡泊名利、甘于奉献的精神。邓清明于1998年成为我国首批航天员之一，从此踏上了追逐飞天梦想的征途，然而，等待他的却是近25年的“默默无闻”。在此期间，他参与了神舟九号、神舟十一号等任务的备份训练，却始终未能真正执行飞天任务。在备战的岁月里，邓清明依然全力以赴，始终按照“主份”的标准训练，严格要求自己，等待党和国家的召唤。他坚韧不拔、甘于奉献的精神激励了更多的航天员为梦想而奋斗。2022年11月29日，邓清明终于如愿加入神舟十五号载人飞船乘组，圆满完成了此次航天的各项任务，展现了一名中国航天员的卓越风采。一次次“备份”经历没有让邓清明松懈和放弃，反而使他淬炼出更自律、坚韧的品格。他用自己的实际行动诠释了“宁可备而无用，决不用而无备”的铿锵誓言。邓清明的事迹不仅是个体突破自我的精神史诗，也是中华民族各行各业劳动模范矢志不渝的时代缩影，更是“淡泊名利、甘于奉献”的劳模精神的生动注释。

二、劳模精神在历史上的体现

1. 劳模精神的早期形态与历史渊源

劳模精神的历史基因深植于中国革命的烽火岁月。那时的劳模精神主要体现为对革命事业的无私奉献和对集体利益的坚定维护。在艰苦卓绝的革命斗争中，无数劳动模范以身作则，他们的事迹和精神成为激励广大人民群众投身革命和建设事业的强大动力。

在这一特殊历史时期，劳模精神超越了单纯劳动范畴，升华为革命精神谱系的重要组成部分。它不仅是“自己动手，丰衣足食”的实干精神，更是“天下兴亡，匹夫有责”的担当意识。劳模们以集体利益为重，用无私奉献诠释革命理想，这种精神特质与新中国成立后百废待兴的建设需求高度契合，为后来社会主义建设中“铁人”精神、“两弹一星”精神等精神谱系的生成埋下了厚重的历史伏笔。

2. 劳模精神在社会主义建设初期的孕育

社会主义建设初期，劳模精神完成了从革命传统到建设实践的创造性转化。在这一时期，劳模精神以无私奉献、艰苦奋斗和创新进取为核心。劳模精神的培育与实践紧密结合，通过树立典型、多维宣传等方式，在全社会营造出“学习劳模、争当先进”的浓厚氛围。

3. 劳模精神在改革开放后的演变与发展

改革开放以来，劳模精神经历了深刻的演变与发展。随着经济体制的转型，劳模精神逐渐从单一的劳动模范典型发展为多元化、个性化的形态，在传承优良传统的基础上，更加彰显创新与效率的时代价值。

在这一时期，劳模精神的辐射范围突破传统劳动领域，延伸至社会服务、企业管理、科技研发等多维空间。如时传祥“宁肯一人脏，换来万家净”的服务精神，又如张瑞敏用“砸冰箱”事件重塑质量信仰，再如“中国高铁之父”王梦恕在轨道交通领域突破技术壁垒，这些不同时代的先锋共同绘制出劳模精神的时代谱系。他们以开拓创新的胆识、追求卓越的执着和无私奉献的品格，为新时代劳模精神注入鲜活的时代内涵。

4. 劳模精神在新时代背景下的传承与创新

在数字时代浪潮中，劳模精神正经历着前所未有的嬗变与升华。在科技革命与产业变革的交织浪潮中，劳模精神突破了传统模范的刻板印象，被赋予了新时代的精神内涵。新时代劳模精神与“创新、协调、绿色、开放、共享”的发展理念深度融合，既追求技术创新的卓越突破，也强调团队协作的协同效应，更践行社会责任的担当使命。这种精神传承的深层逻辑在于对青年一代的培育塑造，通过“师徒制”传承、“项目制”历练等方式，在青年心中播撒创新火种，锻造实践能力，让新生代成为托举民族复兴的硬核力量。

当人工智能重构生产范式，当数字经济催生新业态，劳模内涵已突破“流汗”“吃苦”的传统认知，展现出“智慧+汗水”的当代特质。在“嫦娥”探月工程中，劳模团队既传承着“特别能吃苦”的航天传统，又创新运用数字孪生技术；在“蛟龙”号深潜团队里，“精益求精”的工匠精神与“开放共享”的现代理念交相辉映。

三、践行劳模精神：模范的力量与传承

1. 劳模精神在各行各业的体现

1）工业领域

在工业领域，劳模精神不仅代表了个人的卓越成就，更是推动整个行业进步的重要力量。在践行劳模精神的过程中，工业领域的劳模们通过不懈努力，为国家的工业发展贡献了巨大力量，也激励着无数工业领域的工作者追求卓越。

海尔集团的创始人张瑞敏，1984年接任青岛电冰箱厂厂长，面对中国传统家电行业遭遇发展瓶颈的状况，他借鉴西方多元化经营理念，首创“人单合一”的创新管理模式。该模式将员工的个人发展与企业目标紧密结合，极大地激发了员工的创新潜能。在他的领导下，海尔从一个濒临倒闭的小厂成长为国际知名的家电品牌。这种以人的价值创新驱动企业发展的实践，正是劳模精神在工业4.0时代绽放的璀璨光芒。

2）农业领域

在劳模精神的引领下，农业领域的劳动者们不断探索和实践，将传统农业知识与现代科技相结合，形成了具有中国特色的智慧农业。劳模精神在农业领域的传承，不仅体现在技术革新上，更体现在对农业文化的尊重和传承上。在陕西杨凌，小麦育种专家王辉用40年坚守，将“中国碗”装上“杨凌麦”；在黑龙江建三江，全国劳模刘乃生带领团队突破寒地水稻直播技术，让“中华粮仓”更稳固。农业是生产粮食的产业，更是承载着民族文化和历史记忆的重要载体。在劳模精神的滋养下，新一代的农业工作者在继承传统的同时，也积极结合现代科技，使得农业成为一个充满活力和创新的行业。

3）服务业领域

在服务业领域，劳模们以“持续改进”为行动准则，通过服务流程再造、标准体系升级，实现服务品质的迭代提升。他们秉持“服务无止境”的职业追求和“顾客至上”的服务理念，成为社会文明进步的闪亮坐标。这些服务业劳模不仅展现出超越岗位要求的责任担当，更以“服务匠人”的修为，在企业内部培育出“人人争当服务明星”的卓越生态。这种由点到面的服务升级，正在重塑服务业的核心竞争力，为行业高质量发展注入持久动能。

2. 劳模精神的传承

1）在学校教育融入劳模精神

在学校教育中融入劳模精神，意味着将劳动模范的创新基因、奉献品格和卓越追求作为教育的重要内容，激励学生形成积极向上的价值观和职业态度。这种教育转化能帮助学生系好人生第一粒扣子，培育劳动最光荣的价值认同。例如，通过讲述劳模代表人物的生平事迹，有效激发学生对劳动的尊重与对职业的热忱；通过将劳模精神融入课程体系，开设劳动教育课程，引导学生在实践中体悟劳动价值；通过举办劳模精神主题演讲比赛、劳动技能竞赛等活动，帮助学生通过实践参与深化对劳模精神的理解。学生在校园中接受劳模精神熏陶后，有助于在未来职业生涯中展现出更强的责任意识与创新能力。

2）家庭与社会对劳模精神的传承

家庭是劳模精神传承的基石，父母的榜样作用对子女的职业选择和工作态度有着深远影响。子女在成长过程中，通过观察父母对待工作的认真态度，会潜移默化地将这些品质内化为自己的行为准则。在社会层面，劳模精神的传承依托教育体系、媒体传播与政策引导形成合力。主流媒体持续报道劳模先进事迹,例如央视《大国工匠》系列纪录片,既弘扬了“干一行爱一行”的工匠精神,又构建了崇尚劳动的社会氛围。

此外,政府通过设立劳模表彰制度,对在各行各业做出突出贡献的劳动者给予荣誉和奖励,进一步强化了劳模精神的社会地位和影响力。

家庭与社会的共同努力,确保了劳模精神的薪火相传,汇聚成推动社会进步和文明发展的重要力量。

“绿色”大讲堂

将生态文明的种子深植于心中

生产豆制品产生的废水,也能成为污水处理厂的“营养豆汁”?这看似毫不相干的两种事物,如今正走上组“CP”的道路。近期,安吉清源污水处理厂与祖名豆制品有限公司开展专项课题,合作研究将豆制品生产废水作为污水处理补充碳源,实现废水资源化利用。

祖名豆制品有限公司(以下简称“祖名”)在豆制品生产过程中会产生大量的有机废水,日均高达5000吨。该公司环保负责人陈懿介绍说,企业内部自建一个小型污水处理中心,对废水进行预处理,达到纳管标准后再排入污水管网。为此,公司每年投入近400万元。

然而这类让企业“头大”的废水却是污水处理厂里净水碳源的绝佳补充。据统计,安吉清源污水处理厂每年仅补充碳源一项费用就在200万元以上。

一边要花钱处理有机废水,一边要花钱去购买碳源,如果两边的需求能够打通,是一件一举两得的好事,能为双方节省不少成本。“一拍即合”,2023年7月,清源污水处理厂便与祖名豆制品有限公司开展专项课题,意将祖名生产的废水作为污水处理外加碳源,目前已完成第一阶段的试验,并取得良好的成果,第二阶段的实验也已于2023年8月底启动。

“通过双方协作处理,变废为宝,能真正实现资源的节约和循环利用。”清源污水处理厂副经理方霄说,如果第二阶段实验顺利完成,预计10月底,这一项目能落地“变现”。项目实施后,祖名豆制品有限公司不仅减少了废水处理带来的压力,每年还能节约相关费用数百万元;而污水处理厂里的微生物碳源供给也有了保障,双方合作将达到企业废水资源化利用和污染物减排的双赢。

(资料来源:学习强国,部分有删减改动)

三 任务三 工匠精神

◆ 学习目标

知识目标	(1)掌握工匠精神的内涵 (2)了解工匠精神的时代价值 (3)了解新时代背景下工匠精神的传承
能力目标	(1)能够积极、主动向新时代大国工匠学习 (2)能够提升自身专业技能,培养工匠精神
素质目标	(1)有效指引学生树立正确的精神文化价值导向,激发学生学习新知识、开拓新视野的热情 (2)鼓励学生涵养工匠精神,传承和弘扬我国优秀的民族精神和社会主义核心价值观

★ 劳动寄语

要坚持党的领导,坚持正确办学方向,坚持立德树人,优化职业教育类型定位,深化产教融合、校企合作,深入推进育人方式、办学模式、管理体制、保障机制改革,稳步发展职业本科教育,建设一批高水平职业院校和专业,推动职普融通,增强职业教育适应性,加快构建现代职业教育体系,培养更多高素质技术技能人才、能工巧匠、大国工匠。

——2021年,习近平总书记对职业教育工作作出的重要指示

(资料来源:学习强国平台)

★ 劳动启思

大国工匠走进大学"培训营"

11月13日，天刚蒙蒙亮，陶建伟便从宿舍出发，走向清华大学双清综合楼。全国总工会举办的首期大国工匠人才培训营，不久前在清华大学开班。

步入电梯，他一眼就认出这部电梯是哪家企业生产的。在北京建工安装集团当了30年"电梯医生"，市面上所有电梯的模样、特点，他都门儿清。

早上7时30分，一群"中年学生"提前半小时在教室坐定。

"这节课的老师听说是中国科学院院士张钹，要讲人工智能。"

"咱产业工人会被人工智能取代吗？"

大家的话匣子瞬间打开。

一段巴赫风格的音乐响起。讲台上，89岁的张钹精神矍铄。

"人工智能谱的曲好听吗？我在清华读大学时，5年3次到工厂实习，学钳工、学焊接、学制造……"

"原来院士也当过学徒工。"陶建伟坐直身子，顿觉院士亲切。

3个多小时，从人工智能发展现状讲到未来趋势，张钹的讲解深入浅出。

"这前沿技术是不是也能用到老旧电梯改造中？"下了课，陶建伟继续请教。

"人工智能是改变人类未来的科技。你们要把自己的本事用到人工智能上，也要把人工智能用在自己的领域里。"张钹答道。

这正是此次大国工匠人才培训营的"作业"。同期220名学员，一人一个攻关课题。

不觉已过12时，扒拉两三口饭，"得抓紧去趟工地。"陶建伟跨上单车说，"清华近春园有处改造项目，工友约了我，碰碰加装电梯的可能。"

30年穿梭井道，爬高踩低，在2平方米的狭小空间，陶建伟练就一身"望闻问切""立钢镚儿不倒"的电梯维保绝活，手上还攥着多项发明专利。

一栋砖混建筑前，"会诊"开始了。

"陶工，我们想保留20世纪80年代老楼风貌，外挂电梯不美观。"

"想办法加在室内！"

"老楼空间有限，噪声咋控制？"

"昨天，土木工程系老师提到一种新材料，可以降噪。我们约老师再聊聊……"

骑车返回，陶建伟手一指："看，那是机械工程系教授刘辛军的实验室。小小一层平房，解决了天舟七号货运飞船制造难题哩！"

前两天，听完刘教授关于制造装备关键技术创新的课程，陶建伟仍不解渴，夜访了实验室。

"我那个国家级技能大师工作室，条件也不赖，回去还得加油干！"陶建伟说。

陶建伟有过两次"高光时刻"：2020年11月，作为全国劳动模范代表，在人民大会堂接受表彰，聆听习近平总书记重要讲话。也是这一年，他还"跳级"获评副高职称。

"搁以前，真不敢想！"陶建伟说，"中国制造由大变强，新时代产业工人有了更大舞台。"

深化产业工人队伍建设改革，顺应时代发展新趋势、实践发展新要求、人民群众新期待。陶建伟是见证者，更是受益者。

开课以来，陶建伟的学习日志，记得满满当当。

"每句话都想记下来，回去讲给'90后''00后'徒弟听！"

（资料来源：《人民日报》，2024年12月4日）

思考：工匠精神的核心是什么？如何定义"大国工匠"？

答案

★ 劳动讲堂

一、工匠精神的内涵与价值体现

1. 工匠精神的内涵

工匠精神植根于马克思主义劳动观的深厚理论土壤，汲取我国劳动人民长期实践的智慧结晶，在中华优秀传统文化的滋养中孕育成长。其内核既传承了精益求精的中华匠魂，又注入了改革创新的时代基因。它是鼓舞全国各族人民迈向全面建设社会主义现代化国家新征程的宝贵精神财富和强大精神动力。

1）工匠精神的传统内涵

“工匠精神”原指手工匠人对产品制作技艺的精雕细琢、追求极致的一种理念，即对劳动生产过程的每道工序、每个细节都精益求精，力求达到完美境界。工匠精神的传统内涵表现为劳动者对制作工艺的极致追求和对品质把控的不懈坚持。在历史的长河中，无数工匠以其精湛的技艺和对完美的执着，留下了无数不朽的杰作。这些作品不仅展现了工匠们对工艺的精湛掌握和对美的追求，更体现了他们对作品背后文化与精神价值的尊重。

从古埃及的金字塔建造者到古希腊的雕塑家，再到中国古代的陶瓷大师，工匠们以其巧夺天工的技艺和对美的不懈追求，为后世留下了无数令人叹为观止的艺术与建筑杰作。《周礼·冬官考工记》记载：“知者创物，巧者述之、守之，世谓之工。”这里说“工”的职责就是造物，即精湛的技艺是工匠的立足之本。庖丁解牛、梓庆削木、挥洒自如、炉火纯青等成语都是对工匠高超技艺的形象表达。

古代工匠精神的传承与发展，不仅体现在物质文明的创造上，更体现在对技艺传承、文化价值和社会责任的深刻理解与实践上。在传统工匠精神的指导下，工匠们一方面追求技术上的精湛，另一方面注重道德和责任的承担。在许多传统工艺中，师徒制度是技艺传承的主要方式。师傅不仅传授技能，更传递一种精神和态度。他们视作品为生命延伸，将个人荣辱与器物品质融为一体。

2）工匠精神的新时代内涵

在现代社会，对工匠精神的诠释已经超越了传统手工艺的范畴，它被赋予了新的时代意义。习近平总书记在2020年全国劳动模范和先进工作者表彰大会上，将新时代工匠精神的基本内涵概括为“执着专注、精益求精、一丝不苟、追求卓越”。

（1）“执着专注”是工匠精神的基石，要求劳动者在工作岗位上恪尽职守、心无旁骛。古语云“业精于专”，若博而不专则难成其大。从精密零件制造者到前沿科技研发者，都需深耕专业领域、持之以恒，方能成就专业造诣。大国工匠董礼涛17岁入厂学习手工铣削，自此专注零件加工领域。历经三十余载锤炼，其技艺已达行业巅峰，将误差控制在0.01毫米以内。三十年间，他斩获国家专利20余项，完成技术创新300余项，累计为企业创造经济效益超8000万元。他说："既然选择了这行，就必须干好。"这种脚踏实地的实干精神正是"执着专注"的工匠精神的生动体现。

（2）"精益求精"是工匠精神的灵魂。它要求从业者既要有"毫厘必较"的品控意识，更要具备"革故鼎新"的创新勇气，在突破中追求卓越。这种追求既体现在对产品细节的极致打磨上，更体现在对技术创新的持续探索中。老一辈港口人孔祥瑞，17岁入行见证天津港发展变迁。历经港口吊机多次迭代，他潜心钻研设备说明书，经过无数次实践，最终创出"孔祥瑞操作法"。该操作法显著提升了装卸效率，既获得了一线工人的赞誉，也为企业创造了巨额经济效益。

孔祥瑞从码头工人成长为蓝领专家，用一生践行"把简单做到极致便是非凡"的工匠精神，在平凡岗位铸就不凡，正是精益求精精神在当代的传承。

（3）"一丝不苟"是工匠精神的支撑。它强调劳动者在工作中要始终保持严谨的态度和高度的责任心，对每一个环节都严格把控，确保产品质量和作业效率。这种严谨的态度和责任心正是工匠精神得以传承和发扬的根基所在。

国医大师金世元七十余年坚守中药行业，对每一味药材的炮制都精准掌控，确保药效归经稳定发挥。他以严谨态度赢得了患者的信赖，也为中医药的传承树立了标杆。金世元常说："药者，关乎性命，丝毫马虎不得。"这种对细节的极致追求正是"一丝不苟"工匠精神的真实写照。

（4）"追求卓越"是工匠精神的最终目标。它激励劳动者不断挑战自我、超越自我，以更高的标准要求自己，不断追求更高的成就和更大的贡献。这种追求卓越的精神正是推动社会进步的核心驱动力。中铁隧道局盾构及掘进技术国家重点实验室总工程师李凤远，二十余年致力于解决高寒、深水、超长等极限工况下隧道掘进技术难题。他带领团队潜心钻研、攻坚克难，为高效、安全的掘进技术筑起智能屏障，引领我国隧道建设进入了"智"时代。他曾说："中国地域辽阔，地质千差万别，必须量体裁衣，持续攻坚克难。"正是这样不畏艰难、超越自我的工匠精神，助力我国隧道及地下工程领域实现高质量发展。

新时代工匠精神的内涵，既体现在技术层面的精进突破，也彰显于社会责任的主动担当。工匠们将个人追求融入国家发展大局，既专注产品品质的持续提升，更心系民生福祉的增进。他们以匠心守初心，用技艺报国家，在平凡岗位上书写大国工匠的使命担当。

2. 工匠精神的价值体现

工匠精神在个人品质中体现为对技艺的追求极致和对工作的严谨态度。这要求个人在工作中保持高度专注和强烈责任感，注重每一个细节，始终追求卓越。工匠精神不仅提升了个人职业素养，同时也激发了广大劳动者的内生动力，为实现企业、行业高质量发展注入强劲动能。

在新时代教育体系中，工匠精神成为培养学生综合素质的重要理念。工匠精神如同一面镜子，映照出新时代劳动者的精神风貌。通过把“执着专注、精益求精、一丝不苟、追求卓越”的理念融入课程体系，引导青少年树立远大理想，激励其勇攀创新高峰，为国家未来发展奠定人才根基。

新时代的工匠精神，其价值不仅体现在推动经济高质量发展，更在于重塑社会价值体系，增强国家文化软实力。凭借执着专注、精益求精、一丝不苟、追求卓越的精神特质，工匠们在创新实践中既实现专业突破，又树立社会榜样，推动社会主义核心价值观深入传播。这种精神力量正是实现社会主义现代化强国目标的战略支撑。

新时代传承工匠精神既是对传统技艺的赓续，更是对民族文化基因的激活。工匠精神激励劳动者在平凡岗位书写非凡，将职业追求融入国家发展大局，为构建和谐社会贡献匠心力量。

二、工匠精神的传承与挑战

1. 工匠精神在传统行业的传承

在传统行业中，工匠精神通过师徒传承得以延续，并结合现代科技手段实现创新。这种传承不仅保留了传统技艺的精髓，又为传统技艺注入了新的生命力。通过精益求精的工艺改进和材料创新，传统工艺品焕发新的光彩，既满足了现代市场的多样化需求,又推动了行业的持续发展。这种创新更吸引广大年轻人投身于传统产品的制作,为古老技艺注入新鲜血液,激发了行业的活力与创造力。工匠精神是技艺传承的纽带,更是社会进步的强大动力。工匠们在传承中不断探索,将传统与现代完美融合,使传统行业在新时代焕发出勃勃生机。

2. 现代社会对工匠精神的挑战

全球化浪潮与科技革命推动下,标准化生产成为主流模式,这在提升效率的同时,也挤压了传统手工艺的生存空间。流水线作业虽带来效率革命,却让产品陷入同质化窠臼,丧失个性与创新。在此背景下,工匠精神倡导的个性化定制、持续创新以及对品质的极致追求,愈发彰显其时代价值。如何让工匠精神在现代社会焕发新生,与现代生产方式有机融合,成为时代赋予我们的重要命题。

2023年10月,习近平总书记在江西景德镇考察时,与非遗代表性传承人亲切交流,盛赞其技艺匠心,勉励他们坚守艺术初心,在传承中创新。总书记强调:“要大力弘扬劳模精神、劳动精神、工匠精神,发挥好劳模工匠示范引领作用,激励广大职工在辛勤劳动、诚实劳动、创造性劳动中成就梦想。”这启发我们,新时代传承工匠精神,既是对传统技艺的赓续,更是对创新精神的弘扬。

工匠精神凝结着劳动者独具匠心的智慧、精雕细琢的专注、尽善尽美的追求,蕴含着严谨、执着、敬业、创新等精神特质。匠心凝聚处,百业自兴盛。以匠心守初心,以匠行致未来,当每个劳动者都成为创新创优的实践者,强国建设和民族复兴的宏伟蓝图终将变为现实。

三、培育工匠精神:赋能职业教育高质量发展

党的十八大以来,习近平总书记多次强调要“大力弘扬劳模精神、劳动精神、工匠精神”,并指出“实体经济是我国经济的重要支撑,做强实体经济需要大量技能型人才,需要大力弘扬工匠精神,发展职业教育前景广阔、大有可为”。习近平总书记对职业教育的高质量发展及培养更多能独当一面的技能型人才寄予了厚望,也为职业教育的发展指明了方向。

习近平总书记参加第十四届全国人民代表大会第二次会议江苏代表团审

议时提出，要实实在在地把职业教育搞好，要树立工匠精神，把第一线的大国工匠一批一批培养出来。对于旨在培养专业技能型人才、以就业为导向的职业教育来说，培养工匠精神既是自身发展的内在要求，也是义不容辞的职责。近年来，为适应经济社会发展方向，职业教育体系不断革新，高素质技术技能人才、能工巧匠、大国工匠不断涌现，为我国建设社会主义现代化强国提供有力支撑。践行工匠精神，为职业教育赋能的具体举措体现为以下几点。

1. 深化产教融合，融入工匠精神

党和国家一直重视职业教育发展，《国家职业教育改革实施方案》《关于推动现代职业教育高质量发展的意见》《关于深化产教融合的若干意见》《中华人民共和国职业教育法》等一系列政策法规及政策文件的实施，夯实了职业教育稳健前行的根基，指明了职业教育的改革发展方向，也为大国工匠的培养提供了有力保障。近年来，全国多所职业学校开设数字经济相关专业，专业布点数以万计、规模日益扩大。同时，各职业学校注重加快增设先进制造业领域新专业，聚焦制造业智能化、高端化、绿色化发展趋势。职业院校的一系列专业增设与课程改革，从推动技能转型，积极应对经济转型和产业变革，到强化协同培育，提升人才培养与配置效率，再到优化开展学生学徒制，重视技工人才专业程度，实施一系列有效的制度设计与措施，为推动大国工匠的脱颖而出夯实了基础。

2024年全国教育工作会议进一步强调要增强职业教育的适应性和吸引力，并指出要坚持职业教育与产业结合、与地方和政府政策结合、与社会区域结构结合、与个人终身学习结合，稳步推进省域现代职业教育体系建设改革。这为职业教育下一步发展指明了方向，也提出了更高的要求。因此，进一步强化产教融合，既是党和国家的号召，更是建设社会主义现代化强国迫切的现实需要。

大国工匠萌芽于职业教育的摇篮中，成长于产教融合的实践过程中，成熟于生产的第一线。职业教育的专业设置通常与行业紧密相连，对于现代化产业体系而言，也需要一批批高技能人才、大国工匠扎根一线。因此，依托行业、企业的资源，利用好校企合作的人才培养模式，与相关行业、企业进行深度合作，共建研究院、实训基地等是高职人才培养的有效手段。当前，更需要进一步聚焦于关键领域发展，与地方、部门、行业一起探究经济、技术发展新方向、新路径，培养出更多“知识型、技能型、创新型”的工匠人才，助力国家战略人才力量建设。

2. 打造师资队伍，厚植工匠精神

师资队伍是高校教育的核心资源，加强师资队伍建设是职业院校弘扬工匠精神、培养大国工匠的有力保障。

第一，为广大一线教师提供专业技能发展的机会和资源，鼓励教师参加学术会议、研究项目和培训课程等，激发其教育热情，进而提升广大教师的专业素养，保持教育内容的创新性，将前沿的科学技术与工艺流程等引入课堂教学，使学校成为能工巧匠的培养基地。

第二，积极推动教育科研和社会服务的融合，推进产教协同发展。一是着力支持教师和学生参与教育科研项目，鼓励他们提出创新性的教育研究课题，促进教育领域的知识创新和发展；二是鼓励广大教师和学生积极参与社会服务项目，在为社会提供智力支持的过程中深化学生对社会需求的认知，通过“产学研服”四位一体模式，为社会发展注入教育创新动能。通过深化校企合作，既加速知识成果转化应用，又构建多层次实践平台，助力学生精准对接产业需求。

第三，构建教师卓越发展激励体系，完善人才成长机制。设置“学术卓越贡献奖”“模范教师”等荣誉奖项，同步建立职业发展支持系统，涵盖职称晋升、专业研修、生涯规划等维度。通过实施多元化激励措施，激发教育工作者投身教育事业的热情，形成追求教育卓越、提升育人质量的良性生态。

发展职业教育需以匠心育人，教师当以身作则践行工匠精神。这种精神既是匠人追求的职业境界，更是教师的育人准则。教师应以匠心为炬，照亮学生成长之路，通过言传身教将执着专注、精益求精、追求极致的精神品格植入学生心灵，培育兼具专业技能与匠人精神的高素质人才，为产业发展筑牢人才根基。

3. 讲好工匠故事，弘扬工匠精神

近年来，很多大国工匠都为人熟知，受人敬仰。在焊工岗位奉献五十余年的艾爱国，退休后仍不遗余力地为国家培养电焊技能人才；我国非物质文化遗

产京作硬木家具制作技艺传承人刘更生，心怀对传统文化的尊崇，让国家博物馆、故宫博物院等处的珍贵文物重现光彩；在无线通信领域有着“战神”称号的张路明，坚守科研一线近四十年，屡次解决我国无线通信难题……他们深入一线，攻坚克难、勇于创新，不断提升专业技术水平，是支撑中国制造、中国创造的重要力量。同时，这些大国工匠的事迹，激励着更多青年投身技能学习。因此，讲好工匠故事对于职业教育中工匠精神的弘扬与培育至关重要，具体举措体现为以下几点。

（1）通过开展相关主题教育、先进事迹宣讲和“劳模工匠进校园”等系列活动，将工匠精神融入人才培养全过程，增进全校师生对大国工匠的认同，树立正确的劳动价值观与职业价值观。

（2）充分发挥多媒体与新媒体矩阵的传播优势，构建“线上+线下”融合的工匠故事传播体系。通过整合传播渠道、创新叙事方式，打造立体化宣传矩阵，让工匠事迹深度触达师生群体，构建崇尚劳动的校园文化生态。依托全媒体传播矩阵厚植工匠文化，让工匠精神浸润育人全过程。

（3）通过举办技能竞赛、文化体验活动等形式，为学生搭建展示平台，让他们在实践中体悟工匠精神的魅力。通过实地体验，学生可以直观地看到精湛技艺背后所付出的努力，从而更加深刻地理解工匠精神的内涵，感知匠人的执着、坚守与担当，进一步激发学生对工匠精神的向往与追求。

工匠精神是职业教育发展创新的灵魂和内核支撑。通过工匠精神的培养，学生可以更好地理解职业的价值和意义，树立起技能成才、技能报国的理想，争做大国工匠，在新时代建功立业。我们坚信，幸福是奋斗出来的。新时代的青年应练就扎实的专业技能，弘扬工匠精神，立足岗位成长成才，在各行各业开拓一番天地。

“蓝色”大讲堂

李海平：精研农机展绝技，匠心筑梦育新人

在湖州市农业机械制造与维修保养的领域里，有一位远近闻名的人物，他就是李海平。1974 年出生的李海平，作为一名党员，以机修钳工高级技师的身份，在精研农机的舞台上，演绎着一段段关于坚持、创新与传承的精彩篇章。

自2004年踏入农业机械行业，李海平便扎根于农机装配技术与维保工作。他从最基层的农机修理装配钳工做起，凭借着对机械的热爱和对技术的执着追求，逐步崭露头角。为了不断提升自己的知识和技能水平，他积极参加各种培训。因为他深知，科学技术在不断进步，只有持续学习，才能跟上时代的步伐。他常与同事交流最新技术动态与维修经验，与同行开展技艺研讨，持续拓宽专业视野。通过不断汲取新知识、新理念，并将其转化应用于工作实践，他持续优化农机维护工艺，实现效率质量双提升。基于对农机技术的钻研精神，他主动投身技术试制项目研发，凭借精湛技艺和敏锐洞察力，在行业领域获得两项技术专利，为农业机械的技术革新与产品迭代做出积极贡献。

多年来，李海平为农机行业培养了大批技术骨干，为行业输送了新生力量，持续夯实了产业长远发展根基。李海平还多次为在校生的实践活动授课。他走进校园，将自己在一线积累的丰富经验毫无保留地分享给莘莘学子。他用生动的案例和深入浅出的讲解，激发了学生对农机领域的兴趣，为培养农机专业人才贡献了自己的力量。他的课堂总是充满了活力和互动，学生在他的引导下，不仅学到了专业知识，更感受到了一位平凡的农机工匠对事业的热爱。

李海平在农机领域内闪耀着独特的光芒，他用自己的实际行动诠释了工匠精神，展现了新时代农机人的风采和担当。他不仅是技术创新的推动者，更是人才培养的引领者。他的故事激励着更多的人投身于农机事业，为农业现代化建设贡献自己的力量。在他的带领下，越来越多的年轻人加入农业农机领域，共同书写农业机械化现代化的新篇章。

（资料来源：学习强国平台，有删减改动）

★ 劳动拓展

省劳模楼建平：一次亚运志愿，一生奉献情怀

2023年7月初举办的亚洲U16女子排球锦标赛，对亚运会志愿者楼建平和他的小伙伴们来说，是一场非常有意义的“实战演习”。这次锦标赛的部分赛事放在湖州市德清体育中心排球馆举行，该场馆的下个重要赛事就是亚运会排球比赛。

“救护知识的掌握程度与团队协作效能，必须通过实战化演练进行检验。实践是检验训练成果的唯一标准。”自2023年4月报名参加亚运会志愿者以来，楼建平通过重重选拔被安排在医疗救护组担任担架工。

1. 在应急救护领域发光发热

20世纪90年代，楼建平是104国道湖州德清收费站征费班班长。在这个“不起眼”的岗位上，他一干就是18年，凭借着“甘当铺路石”的奉献精神，他在2004年荣获省级劳动模范。2012年底，随着收费站撤销，他被调岗到德清德运公共自行车管理有限公司，负责德清公交站点、公共自行车站点的巡查和管理工作。

一个交通运输领域的劳模怎么会成为亚运会医疗救护组志愿者呢？因为楼建平在2018年就和几位朋友成立了德清民安公益救援队并担任副队长。在公益救援队成立的几年里，这支队伍做了许多为人称道的好事：野外寻过人，水下救过命，台风过境村庄被淹的大灾面前他和队友们曾火速驰援，机动车陷入泥沼、小区内拆除蜂窝等“小事”也会得到他们的及时救助。

楼建平渐渐掌握了许多应急救护知识，还考取了救护讲师资格证书。当他听到亚运会招募志愿者的消息，便第一时间报了名。凭借丰富的救援经验，再加上体能好、沉稳冷静等优点，他成功入选志愿者团队。

楼建平说，亚运会在“家门口”举办，一辈子大概只能遇到这一次，成为亚运会志愿者亦是一期一会，这样的机会应当珍而重之。

2. 形成救援动作“肌肉记忆”

楼建平和另外三个担架工、一位医生、一位护士组成医疗组，被安排驻扎在德清体育中心排球馆内场，为这里举办的亚运排球赛事提供医疗救护、转运服务。

从外行看来，担架工就是负责抬一抬、送一送伤员而已，没什么技术含量。实际却恰恰相反，4名担架工既需要用专业的救援知识完成对伤员抬运与安置，又要通过训练达成高度协同，以防伤员在运送过程中二次受伤。

在几个月的时间里，楼建平所在的医疗组不仅及时承担参加亚运会志愿者的统一培训、消防演练、防踩踏事件演习等任务，还自行组织了几场培训，培养组员的默契度。“我还承担着下口令的任务，目的是让4名担架工做抬、放担架动作的速度保持一致。”他说。

“我们的分工十分明确，连运输中谁抬担架的哪个角，谁负责给担架上的伤员翻身、谁负责平移担架等都划分得清清楚楚，每个流程都模拟过无数次。”楼建平坦言，这几个动作都快形成“肌肉记忆”了。

3. 以我之力，护你平安

“排球运动员受伤一般会伤及什么部位？”数月来，楼建平一直思考这个问题。经过与医疗团队多次研讨，他总结出一点心得：首先是所有运动员都需警惕的心肌梗死风险，其次是各类外伤；而排球运动员特有的高发损伤包括前臂、小腿、腕关节、踝关节等部位，以及最易受损的膝关节、踝关节韧带。

“我们希望担架永远闲置，运动健儿全程无伤，医疗保障团队始终备而不用。”楼建平说，受伤是运动场上最常见的“事故”，一般小伤担架是派不上用场的，用得上担架的时候就是有人受伤严重了，所以他必须弄清楚排球队员可能发生的意外情况。

不同类型的伤员在运输过程中注意点是不同的。楼建平常常跟组员们切磋分享救援经验：“比如对于局部骨折的伤员，不要触摸到受伤部位；对于腰椎、颈椎、胸椎受伤的伤员，一定要避免脊柱扭曲，把伤员固定在脊柱板上再移动。”

和往昔参与公益救援、志愿服务一样，楼建平始终秉持“以我之力，护你平安”的志愿服务精神，在“不起眼”的位置上发着光、散着热。

（资料来源：学习强国平台）

★ 劳动实践

【实践项目】

我与非遗——湖州非物质文化遗产体验（制陶、湖笔、茶艺）

【实践目的】

（1）通过亲身体验，了解湖州传统手工艺品的制作技术。

（2）培养学生的艺术素养，感受工匠精神的深刻内涵。

【实践内容】

（1）沉浸式体验非遗技艺。

（2）分享体验经历与制作心得。

【实践考核】

（1）各个小组汇报、讨论以照片、视频等形式展示的作品。

（2）教师根据小组汇报的准备和演示情况，进行打分。

（3）教师进行点评和总结。

扫码自测

项目四　保障劳动安全

- 项目四　保障劳动安全
  - 任务一　劳动保护
    - 劳动保护的内涵
    - 女职工劳动保护
    - 未成年工劳动保护
  - 任务二　劳动安全
    - 劳动安全的内涵
    - 社会实践劳动安全
    - 职场劳动安全与职业病防治
  - 任务三　劳动心理
    - 劳动心理的内涵
    - 职业紧张
    - 如何缓解职业紧张

项目导读

我国经济在取得举世瞩目发展成就的同时，也付出了相应的社会成本，其中生态问题与劳动安全隐患尤为突出。面对庞大的劳动者群体，切实维护其劳动安全、身心健康，既是社会经济可持续发展的基础，更是国家长治久安的重要保障。教育部《大中小学劳动教育指导纲要（试行）》明确要求："学校要把劳动安全教育与管理作为组织实施的必要内容，强化劳动安全意识，建立健全安全教育与管理并重的劳动安全保障体系。"大学生要重视劳动安全，认真学习相关知识。

本项目分为劳动保护、劳动安全、劳动心理三个部分，旨在通过系统学习，引导学生正确使用个人防护装备，知晓女职工及未成年工特殊保护措施；掌握社会实践劳动规范，具备职场安全技能与职业病预防知识；建立健康职业心理，学习职场压力管理技巧，为实现"为国家健康工作五十年"的目标奠定坚实基础。

任务一 劳动保护

◆ 学习目标

知识目标	(1)熟知女职工特殊保护相关规定 (2)掌握未成年工保护相关规定 (3)了解常见的劳动防护用品
能力目标	(1)能够对涉及女职工、未成年工纠纷案例进行判定 (2)会使用特殊的劳动防护用品
素质目标	(1)培养学生的社会主义法律素养,着力增强其运用法律武器维护自身合法权益的能力 (2)引导学生安全规范地参与劳动实践,切实守护身心健康

★ 劳动寄语

生命重于泰山。各级党委和政府务必把安全生产摆到重要位置,树牢安全发展理念,绝不能只重发展不顾安全,更不能将其视作无关痛痒的事,搞形式主义、官僚主义。

——2020年4月,习近平总书记对安全生产作出重要指示强调

★ 劳动启思

湖州职院:应急救援"大比武"筑牢学生生命安全防线

近日,在湖州职业技术学院(以下简称"湖州职院")田径场上,一场别开生面的应急救援比赛火热进行。80多名参赛队员认真执行指定任务,穿梭在模拟真实的火灾急救场景中,运用所学知识和技能,演绎"生命守护战",如图4-1所示。

图4-1 湖州职院：应急救援“大比武”现场

“有伤员被困火场，需要包扎1人、心肺复苏1人！”哨声响起，比赛中，来自各学院的8支小队分成两组，同台竞技。灭火营救、安全转移、救灾帐篷搭建、应急救护四个项目同步推进，参赛队员需成功营救2名“受困人员”，并将其转移到救灾帐篷内妥善安置。现场有200多位师生观摩学习。

湖州市红十字会应急救护师贾芸担任本次比赛的评委，她表示，学生只有真正掌握心肺复苏和使用自动体外除颤器（AED）的技能，才能在实际遇到险情时临危不乱，抢抓“4分钟黄金救援时间”，为校园生活筑起一道坚实的安全防线。

据悉，湖州职院自2016年起将应急救护教育纳入新生军训和始业教育中，每年有300余名师生通过相关认证考核，如今已成功建起一支校内应急救护队伍。目前，全校50%的学生考取了初级救护员等相关证书。学校还积极鼓励辅导员、体育教师、班主任等参加应急救护培训，储备了一批应急救护力量，70余名教师获得了培训教学的资格。

此外，学校已完成急救设施全域覆盖，包括校园救护点、学生公寓楼内救护站等设施，AED设备配置密度达到4.17台/万人。同时，联合湖州市红十字会面向全体学生开展急救技能全员培训，营造了“人人学急救、人人会急救”的校园安全文化。

“学校构建了大一培训考证全覆盖、大二技能加强全覆盖、大三职业岗位急救教育全覆盖的‘三个全覆盖’模式，持续探索以全体学生为主要对象，以生命教育为主要特色内容的高校急救普及教育。”湖州职院学生工作部负责人说。

（资料来源：彭鹏，郭馨泽．中国教育报，2024-12-31）

思考：在生命健康面前，大学生如何守护生命安全？你掌握哪些“应急救援”技能？

★ 劳动讲堂

一、劳动保护的内涵

1. 劳动保护的含义

劳动保护，是指为保障劳动者在生产劳动过程中的安全与健康，依据国家法律、法规，采取相应的措施，消除危及人身安全与健康的不良条件和行为，防止事故和职业病，保护劳动者在劳动过程中的安全与健康。

2. 劳动保护的内容

1）安全技术保护

为防止生产过程中安全事故对人身、设备造成损害，相关部门应针对工厂、矿山、建筑、化工等方面做出安全技术规定与要求。

2）劳动安全与卫生

为保障劳动者身心健康，防止工伤事故和职业病的发生，相关部门应重点在高温、粉尘、有毒有害、化学物质、职业紧张等方面做出规定与要求。

3）女职工和未成年工劳动保护

女职工承担着哺育后代的社会责任，其生理特性决定其需要经历经期、孕期、哺乳期等特殊阶段；未成年工因未满18周岁，身体和心理尚处于发育阶段。针对这两类群体的特殊性，国家制定了专项劳动保护措施，通过法律规范、技术支持和人文关怀，构建全方位的保护机制，确保其职业安全与身心健康。

4）工作时间与休息休假保护

劳动者依法享有工作时间与休息休假的法定权益，用人单位应在遵守法律法规的前提下，根据生产经营需要合理行使管理权，确保劳动者的休息休假权利得到切实保障。我国通过《劳动法》《国务院关于职工工作时间的规定》等法律法规，构建了涵盖标准工时、加班限制、休假权益的完整保护体系。

“红色”大讲堂

浙江印发通知：做好高温天气劳动者权益保障工作

2024年8月，浙江省人力资源和社会保障厅发布《关于做好高温天气劳动者权益保障工作的通知》，主要内容如下所述。

1. 高度重视高温天气劳动者权益保障工作

各地要充分认识加强高温天气下劳动保护工作的重要性和紧迫性，加强组织领导，明确责任分工，密切协同配合，压紧压实企业主体责任，抓实抓细工作落实，积极采取有效措施保障劳动者的合法权益。

2. 严格执行高温天气作业规定

（1）督促企业做好高温天气期间的生产组织和管理，尽量避开酷热时段作业，适当增加劳动者休息时间和轮换班次，降低劳动强度。

（2）日最高气温在40℃以上时，停止安排劳动者室外露天作业；在37℃以上、40℃以下时，室外露天作业时间累计不超过6小时，不得安排劳动者在当日气温最高时段3小时内室外露天作业；在35℃以上、37℃以下时，采取换班轮休等方式，缩短室外露天连续作业时间，并不得安排劳动者加班。

（3）加强高温防护等职业健康知识培训，落实健康检查。

3. 严格落实高温作业待遇保障

（1）督促企业落实防暑降温相关劳动保护措施，提供符合要求的个人防护用品、防暑降温饮料、保健用品等。

（2）严格执行高温津贴制度，向符合条件的劳动者发放6—9月高温津贴。发放标准为室外作业每人每月300元，室内作业每人每月200元。

（3）对因高温天气作业引发劳动者发生事故伤害或经职业病诊断机构诊断为职业性中暑的，应按规定依法认定工伤并落实相关待遇。

4. 加强政策宣传和执法检查

各地要加强高温天气作业劳动保护政策宣传和执法检查力度，在高温重点时段联合开展监督检查专项行动，保障劳动者身体健康和生命安全。

（资料来源：浙江省人力资源和社会保障厅，2024年8月，有删减改动）

二、女职工劳动保护

女职工劳动保护是一项系统工程，需要政府、企业、社会组织和女职工自身的共同努力，通过不断完善法律法规、加强监管执法、提高女职工的健康意识和自我保护能力，为女职工创造一个更加安全、健康、平等的工作环境。

女职工劳动保护工作不仅关系到女性职工的身心健康，也影响着社会的可持续发展。基于女职工特殊的生理特征和社会角色，我国建立了涵盖法律法规、技术标准、设施保障等多层次的全方位保护体系。

1. 职业危害对女职工的影响

1）化学因素对女职工的影响

长期从事、接触有毒有害作业，会对女性生育机能产生不良影响。毒性进入人体后，常蓄积在肝脏、肾脏等器官，长期积累会导致女性月经不调、不孕不育等生殖健康问题。

女职工在怀孕期间，对毒性物质敏感性增高，比平时更容易吸收毒性物质。这不仅可能导致胎儿营养不良，影响胎儿的正常发育，还可能增加胎儿畸形的风险。

女职工在哺乳期从事有毒有害作业，也会对婴儿健康造成威胁。一方面，母体吸入甲醛、铅及其化合物、苯等有毒有害物质后，这些物质可能通过乳汁进入婴儿体内，对婴儿造成直接危害；另一方面，母体将吸附在衣服或者鞋上的铅尘、染料、石棉尘带回家，也可能间接导致婴儿接触有害物质，影响其健康成长。

2）物理因素对女职工的影响

（1）电离辐射。放射线、CT拍摄等电离辐射可能会导致胎儿发育不良，增加其畸形、脑瘫、白内障等风险。

（2）非电离辐射。非电离辐射主要指高频电磁场和微波辐射。长期处于此类环境中，女职工自然流产率升高，低体重婴儿出生率增加，同时女职工可能出现痛经、月经量少甚至闭经等问题。

（3）噪声。长期暴露于噪声环境中，女职工月经周期可能改变，痛经加重，流产率和胎儿死亡率上升，先天性缺陷出生率也可能增高。

（4）高温。高温作业环境下，女职工更容易发生中毒、中暑，且生育能力可能降低。

（5）低温。女职工长期从事低温作业，会导致皮肤温度降低、血流减少，进而引发痛经等问题。

（6）重体力劳动。女职工长期从事重体力劳动，容易引发月经不调、痛经、闭经，孕妇则可能有流产或早产的风险。

2. 女职工劳动保护制度

1)确定女职工禁忌从事的劳动范围

用人单位应当将本单位属于女职工禁忌从事的劳动范围以书面形式明确告知女职工。

2)维护女职工就业权和受益权

(1)用人单位不得拒绝招收女职工,不得在孕期、产期、哺乳期降低女职工工资、辞退或解除劳动合同。怀孕女职工进行产前检查的,产检时间应计入劳动时间。

(2)女职工在孕期因身体状况无法适应原劳动的,凭医疗机构出具的相关证明,用人单位应为其减轻工作量或安排其他适宜的劳动岗位。

(3)对于怀孕7个月以上的女职工,用人单位不能延长其劳动时间,也不得安排其从事夜班劳动。

3)产假期间保护

(1)女职工生育享受98天产假。其中产前可以休假15天;难产的,增加产假15天:生育多胞胎的。每多生育1个婴儿,增加产假15天。女职工怀孕未满4个月流产的,享受15天产假:怀孕满4个且流产的,享受42天产假。此外,各地根据实际情况,对产假进行了不同程度的延长。

(2)女职工产假期间的生育津贴支付标准如下:对已经参加生育保险的,按照用人单位上年度职工月平均工资的标准由生育保险基金支付;对未缴纳生育保险的,按照女职工产假前工资的标准由用人单位支付。

4)哺乳期相关保护

对哺乳未满1周岁婴儿的女职工,用人单位不得延长其劳动时间或者安排其从事夜班劳动。同时,用人单位应在每日的劳动时间内为哺乳期女职工安排1小时哺乳时间;女职工生育多胞胎的,每多哺乳1个婴儿,每日增加1小时哺乳时间。

案例探讨1

非母乳喂养情况下,女职工是否享受哺乳假?

答案

5）女职工特殊保护设施

女职工比较多的用人单位，应当根据女职工需求，设立女职工卫生室、孕妇休息室、哺乳室等设施。

三、未成年工劳动保护

未成年工，是指年满16周岁不满18周岁的劳动者。未成年工的劳动保护是鉴于未成年工尚处于成长发育期，且有接受义务教育的需要，为维护其合法权益，保护其在生产劳动中的健康和安全而采取的措施。主要规定如下所述。

1. 最低就业年龄的规定

我国规定最低就业年龄为16周岁，特殊行业需招用未满16周岁未成年人的，必须遵守国家相关规定，并切实保障其接受义务教育的权利。

2. 确定禁忌从事的劳动范围

任何用人单位招用未成年工，都应当在工种、劳动时间、劳动强度、保护措施等方面严格执行国家有关规定，不得安排其从事过重、有毒有害等劳动。

3. 对未成年工实行定期健康检查

（1）安排工作岗位之前。

（2）工作满1年。

（3）年满18周岁，距上一次的体检时间已超过半年。

用人单位应根据未成年工的健康检查结果安排其从事适合的劳动，对不能胜任原劳动岗位的，应根据医疗机构的证明，予以减轻劳动量或安排其他劳动。

4. 未成年工实行登记制度

用人单位招用未成年工，除符合一般用工要求外，还须向所在地的县级以上劳动行政部门办理登记。

任务二　劳动安全

◆ 学习目标

知识目标	(1)了解劳动安全基本常识 (2)掌握社会实践劳动安全注意事项 (3)熟悉职场劳动安全与职业病防治
能力目标	(1)能够识别社会实践劳动安全常识,掌握各类安全事故预防措施 (2)能够预防职场劳动中职业病的发生
素质目标	(1)培养良好的学习、生活和工作习惯,树立劳动安全意识 (2)掌握劳动安全基本技能,能够安全规范地参加劳动

★ 劳动寄语

提高公共安全治理水平。坚持安全第一、预防为主,建立大安全大应急框架,完善公共安全体系,推动公共安全治理模式向事前预防转型。

——2022年10月16日,习近平总书记在中国共产党第二十次全国代表大会上的报告

★ 劳动启思

2024年我国安全生产事故和死亡人数同比下降

据国家应急管理部介绍,2024年我国安全生产工作呈现“三个下降、两个平稳”特点。三个下降:一是事故总量持续下降。全国全年共发生各类生产安全事故2.18万起、死亡1.96万人,同比分别下降11%、7.6%。二是较大事故量稳定下降。全国全年共发生较大事故389起,死亡1500万人,同比分别下降10.8%、9.1%。三是重特大事故量明显下降。全国全年共发生重特大事故9起、

死亡146人，同比分别下降43.8%、49.8%。两个平稳：一是大部分地区安全生产形势平稳；二是重点行业领域安全生产形势平稳。

（资料来源：学习强国平台中央广播电视总台，有删减改动）

思考：造成劳动安全生产事故发生的因素有哪些？影响劳动场所安全的风险因素有哪些？

★ 劳动讲堂

一、劳动安全的内涵

1. 劳动安全的含义

劳动安全，又称职业安全，是劳动者在劳动过程中人身安全获得保障、免受职业伤害的权利。职业安全包括安全和健康两个方面。

安全，是针对突发性损害而言的，指在劳动过程中不会有突发性的事故。健康，是相对于缓慢的、长期的、日积月累的伤害而言的，国际劳工组织将健康定义为“不仅限于疾病，同时包括工作时身心是否愉悦”。因此，劳动安全包括身体健康、心理健康和精神健康三个方面。

2. 劳动安全的内容

1）社会实践劳动安全

社会实践劳动安全指学生在生活、生产劳动中，在交通、人身财产、用电、校园实验实训、校外实习等方面防止危害事故的发生，其主要内容包括交通安全、人身财产安全、用电安全、实验实训安全、校外实习安全。

2）劳动安全与卫生

我国将“职业安全卫生”工作体制分为“安全生产”和“职业病防治”两个方面。当前涉及职业安全卫生的相关法律法规主要有《中华人民共和国职业病防治法》《中华人民共和国安全生产法》《中华人民共和国矿山安全法》和《工伤保险条例》。我国先后制定了100多项劳动安全国家标准。

3. 劳动安全教育的必要性

对大学生进行安全教育极其必要，这既是国家、社会、学校与家庭的共同要求，也是大学生健康成长的重要前提。对于高职院校而言，在强调学生动手实践能力和实习实训培养的同时，更需时刻强化劳动安全知识的教育。学生只有系统掌握劳动安全技能，才能有效保障自身及他人的人身与财产安全，进而维护校园安全与社会和谐稳定。

1）加强大学生安全教育，是社会治安的迫切需要

近几年，全国范围开展“平安创建”“严打整治”各项活动，社会治安形势良好，但各种复杂社会问题、不安定因素、违法犯罪活动仍然客观存在。通过加强安全教育，能够显著提升大学生应对突发安全事件的能力，既保障自身安全，又为构建和谐社会贡献力量。

2）加强大学生安全教育，是高校治安的迫切需要

校园周边餐馆、商铺较多，新兴业态就业者较多，人员构成混杂，治安管控难度大。加之每日进出校园的人流密集，监管工作面临现实挑战。部分学生安全意识淡薄，存在离寝不锁门、贵重物品随意放置、骑行载人或未佩戴头盔、实验实训违规操作等诸多不安全行为，这些行为暴露出极大的安全隐患。因此，加强校园安全教育刻不容缓。

3）加强大学生安全教育，是提高自身保护能力的迫切需要

大学生进入高等教育阶段，经历了至少12年的学校教育，但社会历练、实践经验相对匮乏，人生阅历不足，思想较为单纯，对社会复杂性和潜在风险缺乏足够认知。因此，加强大学生安全教育具有双重意义：既能有效维护其身心健康，保障学业顺利完成，更能通过安全知识普及提升其对社会的适应能力。

二、社会实践劳动安全

社会实践劳动作为全面贯彻党的教育方针，作为培育德智体美劳全面发

展的社会主义建设者和接班人的内在要求，是落实“五育融合”教育理念的关键实践路径。组织开展社会实践劳动时，必须始终秉持“安全第一、预防为主”的工作原则，将安全教育活动贯穿实践全过程，构建完善的安全教育体系。社会实践劳动主要围绕以下几方面展开。

1. 交通安全

据世界卫生组织组织统计，全世界每年因道路交通事故死亡人数约130万，受伤人数5000万。这组触目惊心的数字警示我们，加强出行交通安全知识学习具有极端重要的现实意义。

1）步行安全

（1）走人行道，遵守“红灯停、绿灯行”的交通信号规则。

（2）走路抬头挺胸，不看手机。

（3）不在车前、车后乱穿公路。

（4）不穿越、跨越护栏或道路隔离设施。

（5）过马路看清来往车辆，做到人快走、车慢行。

2）骑行安全

（1）提前检查车辆性能，确保刹车灵敏、车铃安好，并佩戴符合安全标准的头盔。

（2）在非机动车车道内骑行，并遵守交通法规。

（3）不看手机，不听音乐，不接打电话，双手扶着车把骑行。

（4）车速不要过快，拐弯注意前后左右车辆。

3）乘车安全

（1）在指定地点候车，车停稳后再上车，先下后上。

(2)不要在红绿灯、行车道处叫车、上车。

(3)做到文明乘车,在车内不吐痰,不抛掷物品,不将身体伸出车外。

(4)下车时,观察前后车辆,右侧开门、下车。

(5)乘坐公共交通工具时,要抓牢扶手,有序上下车。

4)驾车安全

(1)持证驾驶,具备熟练的驾驶技术。

(2)遵守道路交通规则,开车时不看手机、不接打电话。

(3)在陌生路段,注意观察交通状况,礼让行人并控制车速。

(4)不酒后驾驶。

(5)行车前检查车辆胎压是否正常、刹车片磨损是否达标、发动机运转是否良好。

"绿色"大讲堂

绿色出行倡议书

蓝天碧水、空气清新的宜居环境,承载着每个人的生活理想。为全力推进污染防治攻坚行动,持续提升空气质量指数,加快美丽湖州建设进程,我们特此发出倡议:

绿色出行,我先行

绿色出行既是一种出行方式,也是一种生活主张。让我们践行"135"绿色出行方式(1公里内步行、3公里内骑行、5公里内公交出行),把绿色出行的理念融入日常工作和生活,养成节能、低碳、健康、环保的绿色出行习惯。让我们一起行动起来,从自身做起,从现在做起,做绿色出行的宣传者和践行者!

绿色出行,倡文明

公交优先、文明出行是城市文明的标尺,是构筑美好生活的重要维度。乘坐公交时应自觉排队候车,爱护车内设施,拒绝车窗抛物,做到有礼貌、讲文明,相互理解、相互包容。做文明交通的倡导者、实践者和守护者,让绿色出行理念内化于心、外化于行。

绿色出行,共践行

党员干部带头选择公交出行,发挥示范引领作用,带动市民共同参与，强化公众环保意识，推动形成简约适度的低碳生活方式。让我们携手并肩，加入“低碳生活、绿色出行”的行列，共建绿水青山、碧海蓝天的美好家园，助力碳达峰与碳中和目标早日实现，促进经济社会全面绿色转型。

（资料来源：南太湖号）

2. 人身财产安全

人身财产安全分为人身安全和财产安全两个方面。

人身安全是指个人的生命、健康、行动自由以及人格、名誉等不受侵犯和威胁的状态。人身安全是每个人的基本权利，是享受其他权利的前提和基础。只有确保人身安全，个人才能自由地生活、学习和工作，才能充分地发挥自己的潜能和才华。

财产安全是指个人或组织合法拥有的动产、不动产及其他财产权益免受侵害、损失或非法剥夺的状态，涵盖资金、房产、车辆、知识产权等有形与无形资产的安全。财产安全是维护社会稳定和个人福祉的重要基石。

人身财产安全的保护措施主要是他力保护和自力保护。他力保护主要借相关法律法规、行政司法机关和高校保卫处的保护；自力保护则强调个体主观能动性，构建“事前智能防范、事中应急处置、事后法律追偿”的全流程防护链。人身财产安全预防措施主要有以下几点。

（1）尽可能减少深夜外出的频次。

（2）提前观察身边人和事，及时防范潜在侵害。

（3）发生意外事故时，立即报警。

（4）保持警惕心理，不贪图小便宜，谨防电信诈骗和“高薪”陷阱。

（5）时刻注意保护个人隐私。

3. 用电安全

1）做到安全用电

（1）养成良好用电习惯，下班或长时间离开时应关闭所有电源。

（2）切勿用手、导电物、湿毛巾接触电源及电器。

(3)插拔电源时避免用力拉拽电线;若电线绝缘皮脱落,须及时更换。

(4)雷电天气时不要靠近电杆、避雷针等高压设备,避免使用手机。

2)触电急救措施

(1)立即切断电源,使用干燥木棒等不导电物体挑开电线。

(2)拨打急救电话,请专业医务人员救治。

4. 实验实训安全

在职业教育中,实验实训是教学活动中必不可少的环节,不仅要在模拟实训场景中提升专业技能,还要在实训操作中保持安全意识,排除各种安全隐患。

1)实验实训安全基本要求

(1)遵循“安全第一”原则,服从指导老师安排并遵守规章制度。

(2)进入实训基地,规范佩戴劳动防护用品,严禁抽烟、聊天、打闹及进食。

(3)进入实训工位后,严格遵守操作规程,规范使用工具,并及时归位,保持工位整洁。

(4)实训室实施“6S”管理,每天下班前须切断电源,清扫场地并关严门窗。

2)实验实训安全事故

实验实训室环境条件复杂,可能出现火灾、爆炸、触电、辐射源泄漏、有毒物质泄漏、噪声超标等事故,因此要在防火、防爆、防触电、防辐射、防腐蚀、防磁、防毒等方面加强防护措施。实验实训安全事故应对措施主要有以下几个。

(1)保持冷静,听从指导老师指挥和安排。

(2)实训室内发生火灾,应立即使用灭火器灭火。

(3)发生爆炸时,立即开窗通风、切断电源,组织人员有序撤离;若有人员受伤,及时拨打120急救电话送医。

(4)发生设备砸伤或中毒事故时,要立即疏散现场人员,并向指导老师报告。

5. 校外实习安全

学生在实习过程中，自身处于弱势地位，缺乏风险防范意识，遭遇克扣薪资、无故解雇等不公正待遇时往往选择隐忍。通过系统性的事前防范、事中应对与事后追责，实习生完全有能力打破弱势地位，构建更公平的实习环境。

（1）需签订职业院校实习三方协议。

（2）实习时，首先考虑安全问题和权益保护，任何收取保证金、押金及扣押证件的行为都属违法行为。

（3）实习期间应遵守实习纪律，需签订家长知情同意书、安全承诺书，规范操作流程，遵守企业规章制度。

（4）应定期与实习指导老师保持联系，及时汇报实习情况，确保自身权益和实习安全。

三、职场劳动安全规程与职业病防治

1. 职场劳动安全规程

国家劳动安全卫生法律法规是强制性法律规范，企业劳动安全卫生标准不能低于国家规定的标准。职场劳动安全规程主要包括劳动安全技术规程、劳动卫生规程和劳动安全卫生管理制度几项内容。

1）劳动安全技术规程

劳动安全技术规程是指国家为了保护劳动者在劳动过程中的安全，防止伤亡事故发生所采取的各种安全技术保护措施的规章制度，包括工厂安全技术规程、矿山安全技术规程和建筑安装工程安全技术规程等。

2）劳动卫生规程

劳动卫生规程，是指国家为了保护劳动者在劳动过程中的健康，防止有毒有害物质的危害和预防职业病的发生所采取的各种防护措施的规章制度。劳动卫生规程具体内容包括防止有毒有害物质危害、防止粉尘危害、防止噪声和强光刺激、防止电磁辐射危害、防暑降温和防冻取暖、通风和照明、个人防护用品和生产辅助设施、职业病防治。

3）劳动安全卫生管理制度

（1）安全生产责任制度。

（2）安全技术措施计划管理制度。

(3)安全生产教育制度。

(4)安全生产检查制度。

(5)重大事故隐患管理制度。

(6)安全卫生认证制度。

(7)伤亡事故报告和处理制度。

(8)个人劳动安全卫生防护用品制度。

(9)劳动者健康检查制度。

2. 职业病防治

1)职业病的含义

职业病,指企业、事业单位和个体经济组织等用人单位劳动者在职业活动中,因接触粉尘、放射性物质,以及其他有毒、有害物质而引起的疾病。

案例探讨2

在办公室长期久坐导致的颈椎病、腰间盘突出、便秘、痔疮,长期面对电脑形成的眼涩眼干病、键盘手等,属于职业病吗?

答案

2)职业病分类

根据当前国情和生产力发展水平,我国法定职业病共有十大类,包含132种疾病,其中发病率较高的依次为职业性尘肺病、职业性化学毒物中毒、职业性噪声聋、职业性皮肤病等。这些疾病严重危害劳动者的身体健康,影响家庭幸福。对企业方而言,职工因病不能工作,医疗支出增加,特别是严重的职业病将严重影响企业生产效率,并损害其公众形象。

3)职业病防治

职业病防治坚持“预防为主、防治结合”的方针,建立用人单位负责、行政机关监管、工会参与和社会监督的机制。一方面,管理者与员工代表协同排查工作场所中的职业健康危害因素,针对超过国家限值标准的危害源,从源头控制、工程防护、制度管理、个体防护等方面开展综合治理。另一方面,建立职业健康监护体系,通过定期医学检查早期发现职业禁忌证,及时实施医疗干预措施,阻断职业病发展进程。

任务三　劳动心理

◆ 学习目标

知识目标	(1)了解劳动心理、职业紧张的含义 (2)熟知缓解职业紧张的途径
能力目标	(1)能够培养积极的劳动心理 (2)学会如何缓解职业紧张
素质目标	(1)养成良好的工作生活习惯 (2)培养积极的劳动心理与职业素养

★ 劳动寄语

加强劳动者权益保障。要健全劳动法律法规，规范新就业形态劳动基准，完善社会保障体系，维护劳动者在劳动报酬、休息休假、劳动安全、技能培训、社会保险和福利等方面的合法权益。加强灵活就业和新就业形态劳动者权益保障，扩大职业伤害保障试点，及时总结经验、形成制度。加强市场监管和劳动保障监察执法，有效治理就业歧视、欠薪欠保、违法裁员等乱象。

——2024年5月27日，习近平总书记在二十届中央政治局第十四次集体学习时的讲话

★ 劳动启思

重庆市的一项调查显示，国内汽车制造企业54.89%的工人存在中度以上紧张反应；供电企业职工高度职业紧张检出率为52.9%，劳动密集型企业女工职业紧张检出率为19.4%～28.6%；互联网企业34%的员工有职业紧张症状；医护人员的职业紧张检出率接近50%。

"整个人的状态就像一张被拉满的弓，弓弦随时可能绷断。""90后"程序员小刘道出了很多劳动者的心声，"心理压力太大了，老板比你更努力，优秀的新

人一茬又一茬，怎么能不拼命？但越是紧张，脑子就越迟钝，简直是恶性循环。”

湖职院大三学生张某称：“以前为了争取省政府奖学金，天天参加技能竞赛、参加学院活动，还要备考，现在又要面对‘就业’焦虑，什么时候才是个头啊？”

（资料来源：学习强国平台科技日报，有删减改动）

思考：大学生群体性焦虑呈泛化态势，职业紧张袭击职场人，怎样才能减缓职业紧张？

★ 劳动讲堂

劳动安全，不仅包括身体安全，还包括心理安全与精神健康。当代职场工作强度大、节奏快，劳动者心理健康问题日益凸显。大学生群体承受着学习、社交、就业等多重压力与焦虑。许多人陷入“躺又躺不平，卷又卷不动”的困境。因此，构建完善的职业心理支持体系，培育劳动者积极的职业心理素养显得尤为重要。

一、劳动心理的内涵

1. 劳动心理的含义

劳动心理是心理学的一个分支，表现为结合劳动过程，研究劳动者的心理反应、心理活动及心理规律。

2. 劳动心理的内容

1）劳动普通心理学

劳动普通心理学聚焦于对劳动者的性格、技能、兴趣、态度、动机、价值观等进行调查、测量、评估，研究如何运用积极心理学调动劳动者内驱力和积极性。

2）劳动环境心理学

劳动环境心理学聚焦于劳动场所环境要素对劳动者心理状况及情绪体验的影响机制，重点探究物理舒适度（涵盖采光布局、声景工程、人体工学设计）与心理舒适度（包含空间隐私性、环境自主性、文化归属感）的整合优化策略，典型实践案例包括配置可调节照明系统、声学优化办公舱及自助式咖啡休憩区等环境支持模块。

3）劳动活动心理学

劳动活动心理学聚焦于劳动者在劳动场景中的心理活动规律与行为特

征。通过探究劳动者身体疲劳和心理疲劳的成因，企业可组织必要活动缓解劳动者的疲劳，比如做活动操、进行工会团建等。

4）劳动管理心理学

劳动管理心理学运用心理测评工具构建多维能力评估体系，实现人岗精准匹配，并通过实施个性化心理调节训练与技能提升方案，有效缓解劳动者的职业疲劳状态。

二、职业紧张

1. 职业紧张的含义

职业紧张，又称工作紧张或职业应激，是人们面对过度工作压力或个体能力与工作需求不匹配时出现的生理和心理反应。

职业紧张作为慢性应激源，对职业健康具有累积性损害效应，若长期存在，将造成职业健康损害。适度的职业紧张可激发劳动者潜能与积极性，而过度职业紧张可能诱发职业倦怠、抑郁、焦虑，也可能诱发心血管、内分泌系统疾病。

“绿色”大讲堂

职业紧张与劳动效率间的关系

耶克斯-多德森定律是由美国心理学家耶克斯和多德森在1908年提出的心理学定律。这个定律揭示了动机与工作效率之间的非线性关系，指出：“动机强度和工作效率之间的关系不是一种线性关系，而是呈倒U形曲线关系。”也就是说，在一定范围内，随着动机强度的增加，工作效率会提高；但是，当动机强度超过某个最佳点之后，工作效率反而会随着动机强度的增加而下降。故可推导出职业紧张程度与劳动效率间的关系。

(1)低程度的职业紧张可能导致个体产生乏味感与兴趣缺失,进而抑制劳动效率提升。

(2)中等强度的职业紧张可激活个体潜能,此时劳动效率处于最佳水平。

(3)过度的职业紧张会引发认知功能紊乱(如记忆干扰、思维僵化),同时伴随的焦躁情绪将导致劳动效率显著下降。

(资料来源:刘丽红,苗正超,王君毅. 大学生劳动教育指导与实践[M]. 北京:首都师范大学出版社,2024. 有删减改动)

2. 职业紧张诱因

1)工作因素:压力源的直接触发

(1)工作条件:工作场所的物理环境(噪声、照明、气味、职业病危害因素、流水线作业等),可影响人的情绪和精神状态。

(2)轮班作业:影响血压、代谢率、血糖水平、睡眠等。

(3)工作时间过长:过度加班会导致冠心病。

(4)新技术的引入:需要重新学习和适应。

(5)工作负荷:超负荷和负荷不足都会导致心理紧张。

(6)时间压力:时间紧迫,工作有时限性。

(7)职业生涯发展:缺乏晋升机会;有被裁员风险;未来发展迷茫;职称评审受挫。

2)组织文化:隐性压力场的构建

(1)过度量化考核。

(2)末位淘汰制。

(3)独裁、专职的领导管理模式。

(4)内部沟通效率低下。

(5)缺乏归属感和认同感。

3)个体特质:压力反应的催化剂

(1)神经质人格与情绪调节缺陷。

(2)完美主义倾向。

(3)自我效能感影响。

4)社会支持:压力缓冲系统的失效

(1)缺少领导的支持与认可,缺少同事的帮助。

(2)家庭支持弱化。

(3)政策支持的滞后。

3. 职业紧张反应

1)心理反应

职业紧张在心理层面的反应主要体现在情绪状态方面,比如经常暴怒、情绪低落、抱怨、焦虑等。

2)生理反应

职业紧张在生理层面的反应具体表现为心血管疾病、哮喘、胃溃疡、抵抗力及免疫力下降、内分泌失调。

3)行为反应

职业紧张在行为层面的反应具体表现为过度吸烟、酗酒、失眠、严重脱发、有工作畏难情绪。

三、如何缓解职业紧张

1. 学会放松

存在过度职业紧张时,可使用呼吸调节法与肌肉松弛术调节,并辅以音乐疗法、冥想等身心调节方法,保持心态轻松平和。

案例探讨3

舞动心灵,以美润心

——心理健康教研室开展美心疗愈实践课堂试点教学

为更好地贯彻"五育并举,共促心理健康"的育人理念,2024年4月17日下午,湖州职业技术学院心理健康教研室联合暖心向阳心理工作室,邀请学校美育教研室相关负责人,在智能制造与电梯学院开展了即兴舞蹈心理疗愈课堂试点教学。

本次试点教学基于美育与身心学的即兴舞蹈方式，旨在开发学生在潜意识状态下的心理能量。通过引导者的逐级指令，充分刺激学生的身体智慧，引导学生解放身心，帮助学生沉浸式体验美育浸润心灵的奇妙过程。工业自动化控制专业2303班的陈佳奇在课后表示："听着老师的指令，心变得很安静，有一种很奇妙的感觉。"

思考：哪些常见的美育方式可以疗愈心理？

（资料来源：湖州职业技术学院官网，有删减改动）

答案

2. 乐观积极面对

工作中，多与自己的领导、师父、同事沟通交流；生活中，可以向好朋友、闺蜜、家人倾诉工作压力。

3. 适当运动与保证睡眠

存在职业紧张时，要进行适当运动，并保证充足睡眠。适当运动能刺激多巴胺分泌，使人放松，如步行、跑步、游泳、骑行等。充足睡眠可降低杏仁核活跃度，降低焦虑、抑郁发生率，增强抗压韧性。睡前可温水泡脚、阅读纸质书籍，确保23:00前进入睡眠状态。

4. 杜绝长时间刷手机

晚上，手机发出的蓝光会抑制褪黑素分泌，导致入睡困难、失眠。过度刷手机会影响注意力集中，要适度使用手机，以有更多的时间进行社交、运动、阅读和亲子陪伴等。

5. 寻求专业帮助

当遇到职业紧张或职业困惑时，可以向专业的心理咨询师、专业服务机构求助，进行心理疏导，缓解心理压力。

★ 劳动拓展

"外卖员等餐崩溃"，值得关注劳动者心理健康

福建泉州市，一位外卖员因等不到餐，情绪失控怒摔外卖，随后商家拿起漏勺砸向外卖员。平台回应称，外卖员已向商家道歉，商家已对其赔付医药费……

在利益关系碎片化、利益冲突显性化的时代，“一摩擦，就起火”成为一种现实。被外卖平台连派5单的外卖员，在店铺等待了20分钟即将超时，不仅挣不到钱，还面临着差评、投诉等压力。心中有“气”的外卖员情绪失控，用一种错乱的方式发泄了出来；面对外卖员的“情绪崩溃”，商家“以牙还牙”，用冷漠、暴戾的方式对待外卖员。

在一个理性选择深入人心的时代里，有时候看似冲动和率性的行为背后，实质上也隐伏着行动者关于成本与风险的算计与权衡。“外卖员等餐崩溃”固然有错在先，商家的“有理就任性”也不能被忽略和漠视。除了赔偿医疗费用，商家对外卖小哥进行人身伤害的行为也需要规训与惩罚。说到底，外卖小哥和商家都要进行压力和情绪管理，普通劳动者的心理健康与精神世界需要更多关注。

（资料来源：学习强国平台东方网）

★ 劳动实践

【实践项目】

开展“应急救援”实战演练

【实践目的】

（1）模拟真实的火灾急救场景，让学生学会使用消防器材，掌握心肺复苏技能，学会使用自动体外除颤器。

（2）提升学生的动手实践能力，培养学生的劳动安全意识。

【实践内容】

（1）每组6~7人，按小组参加活动。

（2）指导教师提前准备好消防器材、自动体外除颤器，布置火情现场。

（3）请应急救护专家为学生讲解救援设备的使用方法、救援技巧与注意事项。

（4）学生按照讲解模拟操作，指导教师和专家指导、点评学生实训过程。

【实践考核】

（1）小组代表进行现场演示，分享实战过程与劳动心得。

（2）应急救护专家考核，权重系数为60%；教师考核，权重系数为40%。

（3）教师进行点评和总结。

扫码自测

项目五　捍卫劳动权益

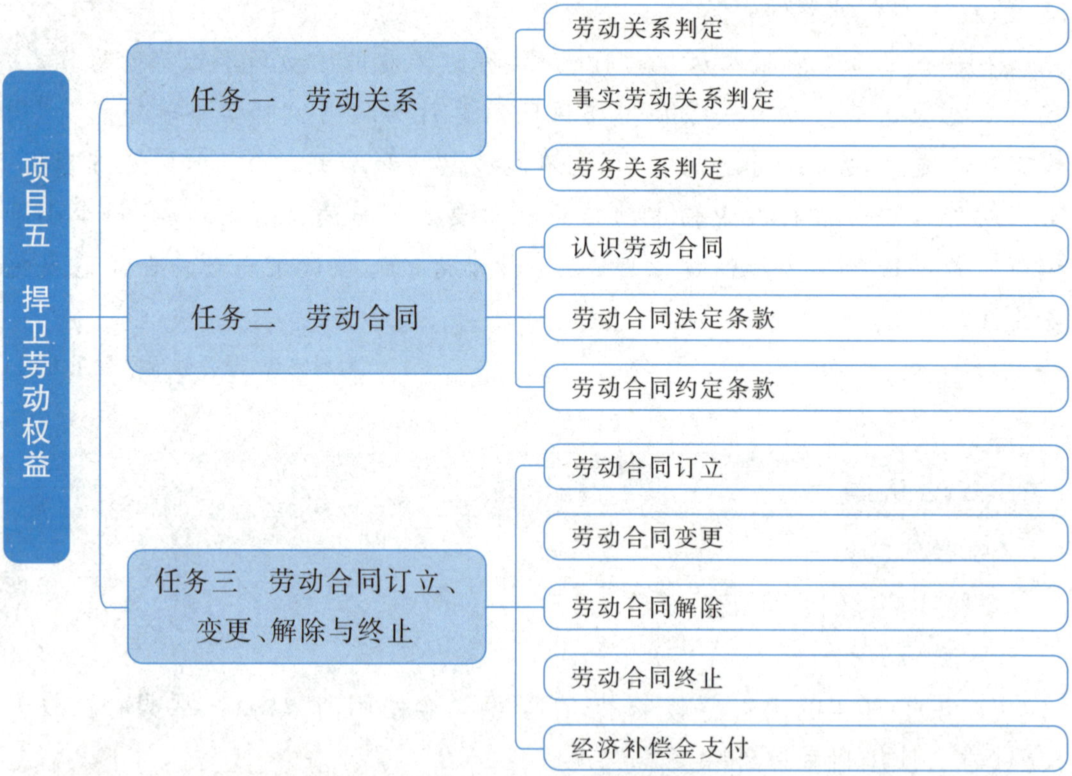

项目导读

劳动是社会经济发展的基石，劳动者是推动社会进步的工匠。随着社会的发展，劳动者权益保障越来越受到社会的关注和重视。党的二十大报告指出，要“完善劳动者权益保障制度，加强灵活就业和新就业形态劳动者权益保障”。我国逐渐形成了以《中华人民共和国宪法》为纲领，以《中华人民共和国劳动法》（以下简称《劳动法》）为基础，以《中华人民共和国就业促进法》《中华人民共和国劳动合同法》（以下简称《劳动合同法》）等相关法律法规为主体的劳动法律体系。劳动者权益保障的手段是《劳动法》《劳动合同法》，前提是存在劳动关系。

本项目分为劳动关系、劳动合同以及劳动合同订立、变更、解除与终止三个部分。通过学习本项目，大学生能懂法、知法、守法、用法，提升法治素养；能运用法律知识解决劳动关系中的争议与纠纷，维护自身合法权益。

任务一　劳动关系

◆ 学习目标

知识目标	(1)掌握劳动关系的判定 (2)了解劳务关系的判定 (3)熟知事实劳动关系的判定
能力目标	(1)能够对特定案例中的双方是否存在劳动关系进行判定 (2)能够对事实劳动关系进行具体佐证
素质目标	(1)知法、懂法、守法、用法,提高劳动风险防范能力 (2)运用法律武器,维护自身合法权益

★ 劳动寄语

要加强企事业单位民主管理,畅通职工诉求表达渠道,引导职工依法理性有序表达利益诉求、维护自身权益,推动构建和谐劳动关系。

——2023年10月23日,习近平总书记在同中华全国总工会新一届领导班子成员集体谈话时的讲话

(资料来源:学习强国平台)

★ 劳动启思

小李是某公司新招聘的一名女职工,在公司担任文员一职,月薪3500元。公司规定,凡是新进人员必须先试用几个月,试用合格之后再签订劳动合同,办理正式入职手续。因此公司一直未与小李签订书面劳动合同,也未为小李缴纳社会保险。两个月后的一天,小李和往常一样骑电动车上班,途中被一辆公交车撞伤,导致一侧两根肋骨骨折,公交车对本次事故负全责。小李在家养伤期间,公司扣发其工资。小李为此找到公司负责人,要求认定工伤,并要求公司支付自己在治疗期间的工资。然而,公司负责人却声称:“你还在试用期,公司未与你签订劳动合同,你也未办理入职手续,所以你还不算公司正式员

工，而且你不是在上班时间受伤的，所以这次事故与公司无关。”

（资料来源：周英锐，王锁. 劳动关系管理[M]. 北京：清华大学出版社，2014.）

思考：公司负责人的辩解理由成立吗？为什么？

答案

★ 劳动讲堂

一、劳动关系判定

1. 劳动关系的含义

在中国市场经济背景下，劳动关系是指劳动者与用人单位之间在劳动过程中所建立的社会经济关系。

劳动关系有广义和狭义之分。从广义上讲，劳动者与任何性质的用人单位因从事劳动而产生的社会关系，都属于劳动关系。从狭义上讲，劳动关系是指在劳动者和用人单位之间产生、受相关劳动法律法规所调整的关系，即劳动关系具备国家强制性。

首先，劳动者要满足达到劳动年龄（16周岁以上至退休）、具备相当的文化水平、具备劳动能力和行为自由等条件。

其次，劳动者所从事的劳动一定是单位的主营业务。

再次，劳动者必须全日制加入用人单位，成为其一员，遵守其规章制度和内部劳动规则，即具有隶属性。

最后，用人单位须按照劳动者提供劳动的数量或质量支付报酬，并提供工作条件。

案例探讨1

某造船厂的厂房漏雨，负责人请来两名瓦工修补屋顶。完成修补后，负责人向两名瓦工支付报酬。

思考：该造船厂与两名瓦工之间是否形成劳动关系？

答案

2. 劳动关系的特征

1)劳动关系的主体是特定的

劳动关系的主体是特定的,一方是劳动者,另一方是用人单位。

2)劳动关系是人身关系属性和财产关系属性的结合

一方面,劳动力是人的一种能力,只能由人体来承载,劳动力和劳动者人身不可分离。劳动者向用人单位提供劳动,实际上就是在一定限度内将其人身交给用人单位,因此劳动关系具有人身关系属性。另一方面,劳动者以让渡劳动力的使用权来换取生活资料,其交换目的是获得报酬,从而获得生活条件,因此劳动关系又具有财产关系属性。

3)劳动关系具有平等性

劳动关系是基于双方完全自愿的原则建立的,是相互独立的平等主体之间的契约关系。劳动关系双方具有平等的法律人格,劳动报酬、工作条件都是双方平等协商的结果。因此,劳动关系具有显著的平等性。

4)劳动关系具有隶属性

劳动关系双方存在管理和被管理的关系,劳动关系建立后,劳动者要依法服从用人单位的管理和指挥,遵守其规章制度。因此,劳动关系具有隶属性。

3. 劳动关系的三要素

1)劳动关系的主体

劳动关系的主体一方是用人单位,包括企业、个体经济组织、机关、事业单位、社会团体等;另一方是年满16周岁,具有一定的文化条件、劳动能力和行为自由的劳动者。

2)劳动关系的客体

劳动关系的客体是指主体双方的权利和义务所指向的具体事务,即工资、福利、工作时间、休息休假、劳动安全卫生等。

3)劳动关系的内容

劳动关系的内容是主体双方依法享有的权利和义务。

4. 劳动法律关系

劳动法律关系是指劳动法律法规在调整劳动关系过程中所形成的雇员和

雇主之间的权利和义务关系，即劳动关系加上法律调整就构成了劳动法律关系。显然，如果没有国家意志的干预，劳动关系仅能体现双方当事人的意志，建立劳动关系是纯粹的双方行为。当劳动关系受到法律法规的确认、调整和保护时，劳动关系也就不完全取决于劳动者和用人单位双方的意志。任何一方违反法律规范，都将承担法律责任。劳动法律关系与劳动关系的最大区别是前者体现了国家意志，具有强制性。

“红色”大讲堂

“和谐顾问”在身边　湖州多元化治理劳动关系风险隐患

2024年10月，湖州飞英街道劳动关系公共服务站整合公安、司法、信访等部门22名工作人员，通过一窗受理、内部流转，筑牢劳动人事争议化解首道防线。

服务站负责人唐峰芬说：“飞英街道辖区仅小、零、散的沿街商铺就有2000多家，新店装修时站点人员会及时介入，每年跟进服务新增就业人员1200余人，确保在员工试用期化解隐患。”该服务站综合受理调处案件，提供政策咨询、纠纷化解、司法诉讼等一站式服务，旨在使争议不出街、矛盾不激化。

作为维护劳动者权益、畅通职工和企业服务“最后一公里”的重要平台，劳动关系公共服务站近年来在湖州市发挥着越来越重要的作用。从湖州市人力社保局获悉，全市域范围已建成劳动关系服务站104个，乡镇（街道）覆盖率100%。

与此同时，劳动关系协调员队伍不断壮大。统计数据显示，湖州市有协调员1.29万人，其中企业1.13万人、村（社区）1600余人。

“劳动关系服务站和劳动关系协调员队伍的蓬勃发展，是湖州市打造劳动关系公共服务网的一个缩影。”湖州市人力社保局劳动关系处处长曹金岗介绍，这张“网”线下建服务站，发动协调员排查隐患；线上建人社微信工作群300余个，动态发布业务信息，旨在从源头做好劳动争议多元化解。

据了解，劳动关系基层治理网格体系积极与政法综治网格融合，以确保基层劳动关系服务事项接得住、办得好。湖州已有8个站点列入省级样板站点培育，凭借网格化集成，推动实现劳动关系服务事项“一网通办”、劳动关系风险隐患“一网防控”。

针对新业态经济蓬勃发展、相关从业人员已超4万人的现状，湖州市还着力办好新业态劳动权益保障“一件事”。

曹金岗说：“我们联合市场监管等部门开展劳动权益‘护新’工作调研，走访新业态工作站点，上门推广新业态用工‘一指南、两指引’及劳动合同范本。”同时，宣传引导平台企业规范申报社会保险，为不具备劳动关系的从业人员办理单项工伤保险，全市已有超过1.4万名新业态从业人员参加了工伤保险。

（资料来源：学习强国平台，有所改编整合）

二、事实劳动关系判定

按照《劳动法》和《劳动合同法》的规定，建立劳动关系应该签订劳动合同，但在现实生活中存在大量未签订书面合同但又实际存在劳动关系的情况（见图5-1），给社会的稳定、和谐发展带来一定阻碍。

图5-1 不规范的劳动关系

1. 事实劳动关系的含义

事实劳动关系，是指劳动者和用人单位之间存在劳动关系，但缺乏劳动合同的状态。

事实劳动关系包括以下几方面内容。

（1）用人单位自始就未与劳动者签订书面劳动合同。

（2）用人单位与劳动者订立了书面劳动合同，但期限届满后，双方以口头形式或者行为表示继续劳动关系，而没有续签书面劳动合同。

（3）由于双方的书面劳动合同不符合法律规定的构成要件或者相关条款规定，致使其成为无效合同，而双方已以此确立了劳动关系。

案例探讨2

2023年9月13日，某货运公司司机小李在给车加油时，驾驶楼突然倒塌，小李被压在车下。经医院鉴定，小李在此次事故中伤及腰椎，导致瘫痪。随后小李向公司索赔，但遭到公司拒绝。同年12月10日，小李提出工伤认定申请。劳动保障局出具“工伤认定书”，认定为工伤。该货运公司不服，将劳动保障局告上法庭，要求撤销“工伤”认定。

在庭审中，货运公司出具了一份交警支队出具的行政处罚书，证明小李曾因使用伪造的机动车驾驶证而被行政处罚。货运公司表示，小李在被雇佣时，向公司提供的也是伪造证件。小李采取欺诈手段，持伪造驾驶证上岗，双方劳动合同关系应无效。而劳动保障局在进行工伤认定时未审查劳动关系的合法性，故货运公司要求撤销劳动保障局作出的工伤认定。

思考：小李与该货运公司之间存在劳动关系吗？可否认定为工伤？

答案

2. 事实劳动关系的界定

(1)劳动者已经实际付出劳动并从用人单位取得劳动报酬。

(2)用人单位对劳动者实施了管理、指挥和监督。

(3)劳动者必须全日制加入用人单位，成为其一员，接受用人单位的劳动纪律和规章制度的约束。

(4)欠缺书面劳动合同。用人单位与劳动者发生劳动争议，不论是否签订劳动合同，只要存在事实劳动关系，符合《劳动法》的适用范围，劳动仲裁机构均应该受理，即事实劳动关系是受《劳动法》《劳动合同法》保护的。

3. 事实劳动关系规范

劳动者应加强自我保护意识，能知法、懂法和用法，提升法律素养，以维护自身合法权益，具体可以从以下几方面着手。

1)证明事实劳动关系的存在

例如，劳动者入职一个月后，用人单位依然未与其签订劳动合同，那么劳动者就要收集入职登记表、考勤打卡记录、工资凭证、工作证、出差记录和报销单等证据，以证明事实劳动关系的存在。

2)取得用人单位故意拖延签订劳动合同的证据

这些证据包括劳动者要求尽快签订劳动合同的谈话记录、录音及有关表格，以及用人单位找借口拖延签订劳动合同的证明。

3）向劳动监察部门举报、投诉

如果用人单位一直不签订劳动合同，劳动者可以举报或投诉，劳动监察部门将责令用人单位改正或处以罚款。

三、劳务关系判定

伴随互联网技术的应用和数字经济的发展，我国新就业形态劳动者已占职工总数的21%，例如依托互联网平台就业的网约配送员、外卖员、网约车驾驶员等。新就业形态具有劳动关系灵活、工作内容多样、工作时间弹性等特点。党的二十届三中全会提出“支持和规范发展新就业形态”。劳务关系基于劳动任务，任务结束双方合作关系也即结束，这类关系比较松散、自由，区别于劳动关系。如今，社会越来越多地关注到此类劳动者的劳动权益保障，因此，有必要厘清劳动关系与劳务关系的区别。

1. 劳务关系的含义

劳务关系是指劳动者与用工者根据口头或书面约定，由劳动者向用工者提供一次性或特定的劳动服务，用工者按照约定向劳动者支付劳动报酬的一种有偿服务的法律关系，如承包、承揽、委托等。

劳务关系是两个或两个以上平等的主体，通过劳务合同建立的一种民事权利和义务关系。劳务合同可以是书面形式，也可以是口头形式。劳务关系的主体是不确定的，劳务关系可以产生于自然人与自然人之间，也可以产生于用人单位之间，还可以产生于用人单位和自然人之间。

2. 劳务关系的特征

1）主体具有不确定性

劳务关系的主体比较多元化，劳动者和用工方都可以是自然人、法人或其他组织。

2）双方地位平等

劳务关系双方当事人地位平等，不具有人身隶属关系。

3）工作风险自行承担

劳务关系的用工风险由劳动者自行承担。用工方提供工作环境和工作条件以及法律另有规定的除外。

4)受民事法律调整

劳务关系是一种民事关系,受民事相关法律的调整和保护,如有争议,需要向人民法院提起诉讼。

5)报酬不定期支付,且多为即时结清

劳务关系多为临时性劳动,其报酬由双方协商确定,多为一次性即时结清或分批次支付。

3. 劳务关系的现状与运用

(1)用人单位将某项工程发包给某个人或某几个人,或将某项临时性或一次性工作交给某个人或某几个人,双方订立劳务合同,形成劳务关系。

(2)用工单位向劳务派遣公司提出用人需求和条件,劳务派遣公司向用工单位提供劳务派遣人员,双方签订劳务派遣合同。此时,劳动者和劳务派遣公司形成劳动关系,而用工单位和劳务派遣公司、劳动者和用工单位形成劳务关系。

(3)用人单位中的待岗、下岗、停薪留职人员,在外从事一些临时性有报酬的工作,与相关单位之间形成的是劳务关系。

(4)已退休人员在外从事有报酬的工作或被用人单位高薪返聘,其与用人单位之间形成的是劳务关系。

4. 劳动关系与劳务关系的区别

当劳务关系中的一方是用人单位、另一方是自然人时,该情形与劳动关系很相似,很容易混淆。厘清两者的区别,对于正确应用法律、妥善处理各种纠纷、保障自身合法权益特别重要。劳动关系与劳务关系的区别主要表现在以下几个方面。

1)适用法律依据方面的区别

劳动关系主要受《劳动法》和《劳动合同法》的规范与调整,劳动者与用人单位必须签订书面劳动合同;劳务关系主要受《中华人民共和国民法典》的规范与调整,劳动者与用人单位是否签订书面合同,由当事人双方协商确定。

2)主体的区别

劳动关系的主体是确定的,一方是符合法定条件的用人单位,即机关、企事业单位、社会团体或个体经济组织;另一方是年满16周岁,具有一定文化条件和劳动能力的劳动者。劳务关系的主体是不确定的，劳务关系可以产生于用人单位之间，也可以产生于自然人与自然人之间，还可以产生于用人单位和自然人之间。

3）隶属关系的区别

劳动关系要求劳动者务必全日制加入用人单位并成为其一员，接受用人单位的指挥和管理，服从用人单位的命令和指挥，有很强的隶属性。劳务关系是一种比较松散的用工关系，例如雇主和保姆之间，其是一种平等主体间的民事法律关系，只要劳动者按要求提供劳动、雇主按约定支付劳动报酬即可，双方之间没有管理与被管理、支配与被支配的权利和义务。

4）承担义务方面的区别

劳动关系中的用人单位要按照法律法规承担为劳动者缴纳社会保险、提供安全卫生条件、支付劳动报酬、提供医疗期以及安排休息休假的义务。劳务关系比较松散，用人单位不用必须承担自然人的社会保险缴纳义务，例如雇主不用为保姆缴纳社会保险。

5）确定报酬的区别

在劳动关系中，用人单位应遵循按劳分配、同工同酬的原则向劳动者支付报酬，支付报酬的方式是固定的，一般是按月、季度、年支付，有规定性和固定性的特点，且劳动者所获报酬必须高于当地最低工资标准。在劳务关系中，用人单位按等价有偿的原则支付报酬，具体由双方协商确定，多为一次性即时结清或者分批次支付，没有特定规定。

三 任务二 劳动合同

◆ 学习目标

知识目标	(1)了解劳动合同的概念及特征 (2)掌握劳动合同的约定条款 (3)熟知劳动合同的法定条款
能力目标	(1)能够拟定一份规范的劳动合同 (2)能够对特定劳动合同纠纷进行分析
素质目标	(1)知法、懂法、守法、用法,提升法律职业素养 (2)提高学生依法订立劳动合同的法律意识,培养遵守规范的契约精神,增强学生讲诚信、守诺言的荣誉感

★ 劳动寄语

全国总工会和各级工会加强职工思想政治引领,推进产业工人队伍建设改革,保障劳动者权益,维护劳动领域政治安全,深化工会系统改革,政治性、先进性、群众性不断增强。

——2023年10月23日,习近平总书记在同中华全国总工会新一届领导班子成员集体谈话时的讲话

(资料来源:"学习强国"渭南学习平台)

★ 劳动启思

大学毕业生陈某于2023年7月入职某科技公司。入职后,该科技公司为陈某提供了7天的全脱产培训,其中一天的课程是关于某项技术开发的,公司为此支付了2400元的培训费。培训结束后,公司按照规章制度与陈某签订了培训服务期协议。协议约定服务期是2年,如果陈某因个人原因离职解除劳动合同,需要向公司支付违约金4000元。2024年7月,陈某计划回老家发展,

故提出离职。在办理离职手续时，公司按照培训服务期协议约定，要求陈某在离职时结算4000元的违约金。陈某认为自己在公司已经服务1年了，违约金应该减半支付，付2000元即可。双方协商无果，陈某提请劳动仲裁。

思考：案例中陈某需要支付违约金吗？支付金额是多少？为什么？

★ 劳动讲堂

一、认识劳动合同

1. 劳动合同的概念

劳动合同，又称劳动契约，是劳动者与用人单位之间为确立劳动关系，明确相互之间的权利和义务关系而达成的书面协议。《劳动法》第十六条规定了劳动合同的概念和性质，并要求“用人单位建立劳动关系要订立劳动合同”。双方当事人通过劳动合同来明确权利和义务，并使各自的权利得到法律保障，各自的义务受到法律约束，从而建立和谐稳定的劳动关系。

案例探讨3

劳动合同未留存　发生纠纷维权难

2014年8月，毛某在平阳县一家体育用品店工作已满3年，双方约定月工资2200元，签订有书面劳动合同，但被店主拿走。2015年5月，该店停止经营，致使劳动合同不能继续履行，毛某要求该店店主支付经济补偿金。但双方就工作年限问题争论不休，毛某为证明自己在店里工作已满3年，提交了银行流水账目为证。而该店店主认为毛某只工作了1个月，双方从未签过劳动合同，并对银行流水账目提出疑问：“银行流水账目上的账号，最多能证明他与别人有款项往来，和我的店没有关系，这不能证明我方给他发放工资，也不能证明我们在2011年4月已建立劳动关系。”该案先经仲裁，后诉至法院。法院经审理后认为，由于毛某无法提供劳动合同及社保缴纳信息，现有证据不足以证明其与原告之间存在劳动关系。

思考：劳动者如何证明事实劳动关系？

（资料来源：符成成．劳动法与劳动关系管理[M]．北京：中国人民大学出版社，2022.）

答案

2. 劳动合同的特征

1)劳动合同主体的特定性

劳动合同的主体是特定的,能且只能是劳动者和用人单位。劳动者必须是依法具有劳动权利能力和行为自由的公民。用人单位应为中华人民共和国境内的企业、个体经济组织、民办非企业单位等组织。

2)劳动合同是双务合同

劳动合同具有权利与义务的统一性和对应性。没有只享受劳动权利而不履行劳动义务的,也没有只履行劳动义务而不享受劳动权利的。一方的权利正好是另一方的义务,一方的义务正好是另一方的权利,故劳动合同属于双务合同。例如,劳动者享有劳动报酬权、技能培训权、安全卫生权,而这些权利正好是用人单位应当承担的义务。

3)劳动合同具有诺成性和有偿性

劳动者与用人单位就劳动合同条款内容达成一致意见,劳动合同即成立。用人单位根据劳动者劳动的数量和质量给付劳动报酬,不能无偿使用劳动者。

3. 劳动合同的内容

劳动合同的内容主要是劳动合同双方当事人在合同中约定的权利与义务,具体包括以下条款:①用人单位的名称、住所、法定代表人或主要负责人;②劳动者的姓名、住址和居民身份证号码;③劳动合同期限;④工作内容和工作地点;⑤工作时间和休息休假;⑥劳动报酬;⑦社会保险;⑧劳动保护、劳动条件和职业危害防护。

以上是劳动合同的法定条款。除此之外,用人单位与劳动者还可以约定试用期、培训、保守商业秘密、补充保险等事项,这些事项称为约定条款。

二、劳动合同法定条款

1. 用人单位的名称、住所和法定代表人

此条款主要是明确劳动合同中用人单位一方的主体资格,以确定当事人的身份。在劳动合同中,用人单位的名称应是全称;住所应该是实际注册所在地,以法人登记证书或营业执照上的地址为准。一方面,当发生劳动争议时,可据此来确定仲裁或诉讼的管辖;另一方面,当劳动合同履行地和住所不一致时,便于确定劳动标准事项。

2. 劳动者的姓名、住址和居民身份证号码

此条款主要明确劳动合同中劳动者一方的主体资格，确定当事人的身份。

3. 劳动合同期限

劳动合同期限是双方当事人相互享有权利、履行义务的时间界限，即合同的有效期限。

劳动合同依据期限的不同可以分为固定期限劳动合同、无固定期限劳动合同和以完成一定工作任务为期限的劳动合同。

固定期限劳动合同，指用人单位与劳动者约定了明确的合同开始时间和终止时间的劳动合同，例如2024年12月1日—2026年11月30日。无固定期限劳动合同，指用人单位与劳动者约定无确定终止时间的劳动合同。以完成一定工作任务为期限的劳动合同，依托于某项任务的完成，任务完成，合同即终止。

用人单位与劳动者协商一致，可以订立无固定期限劳动合同。有下列情形之一，劳动者提出或者同意续订、订立劳动合同的，除劳动者提出订立固定期限劳动合同外，应当订立无固定期限劳动合同。

（1）劳动者在该用人单位连续工作满十年的。

（2）用人单位初次实行劳动合同制度或者国有企业改制重新订立劳动合同时，劳动者在该用人单位连续工作满十年且距法定退休年龄不足十年的。

（3）连续订立二次固定期限劳动合同，且劳动者没有《劳动合同法》第三十九条、第四十条第一款、第二款规定的情形的。

（4）超过一年未与劳动者订立劳动合同的。

4. 工作内容和工作地点

工作内容是劳动合同的核心条款之一，是指劳动者应当为用人单位提供的劳动，即在何种部门承担何种职务、从事何种岗位工作，包括工种、岗位、职务等方面。对于工作熟练度和工作质量，若不宜具体规定，应做出原则性规定。

工作地点是劳动合同的履行地，是劳动合同中所规定的地点，关系到劳动者的工作环境，劳动者有权提前知晓自己的工作地点。

5. 工作时间和休息休假

双方当事人应该协商一致选择合适的工时制，比如标准工时制、不定时工时制、综合工时制。我国标准工时制规定，劳动者每天劳动时间不超过8小

时，每周劳动时间不超过40小时，延长劳动时间一般每天不超过1小时，最长不超过3小时，每月累计延长劳动时间不超过36小时。

休息休假是指用人单位的劳动者按规定不必工作而自行支配的时间，这是劳动者依法享有的基本权利。《劳动法》第三十八条规定，用人单位应当保证劳动者每周至少休息一天。休息休假可根据劳动者的工作内容、工作性质、工作种类等做出具体规定。

6. 劳动报酬

劳动报酬是用人单位根据劳动者的数量和质量，以货币形式支付给劳动者的工资，由双方当事人协商一致确定，不能低于当地最低工资标准，也不能低于集体合同中规定的标准。按《劳动法》规定，工作日加班的，用人单位应向劳动者支付不低于原工资标准的1.5倍的报酬；休息日加班又不能安排补休的，用人单位应向劳动者支付不低于原工资标准的2倍的报酬；法定节假日加班的，用人单位应向劳动者支付不低于原工资标准的3倍的报酬。

劳动报酬条款的主要内容包括以下几项：①劳动者适用的工资制度；②工资支付周期，比如按照周、月、年等结算支付；③支付日期；④约定报酬的构成和数额；⑤加班、加点工资的计算办法；⑥试用期、病假、事假等期间的工资待遇。

7. 社会保险

社会保险是国家通过立法建立的，具有强制性，对符合法定条件的劳动者在其养老、疾病、生育、工伤、失业及发生其他生活困难时，给予物质和经济帮助的制度。养老保险、医疗保险和失业保险由用人单位和劳动者共同承担，工伤保险和生育保险由用人单位承担。用人单位和劳动者必须按照国家规定缴纳社会保险，不能自行选择是否缴纳、缴费比例和缴费基数等。

案例探讨4

（1）经过双方协商一致，劳动者签订了自愿放弃缴纳社会保险的协议，用人单位将自己该承担的部分以现金形式发给劳动者。

（2）发生劳动争议时，用人单位举证，是劳动者签订了自愿放弃社保的协议，并且已签字盖章了，故用人单位无须承担法律责任。

思考：以上说法是否正确？

答案

8. 劳动保护、劳动条件和职业危害防护

劳动保护是用人单位为保障劳动者在劳动过程中的安全和健康，防止工伤和职业病的发生所采取的各种措施。《中华人民共和国安全生产法》第五十二条规定："生产经营单位与从业人员订立的劳动合同，应当载明有关保障从业人员劳动安全、防止职业危害的事项，以及依法为从业人员办理工伤保险的事项。生产经营单位不得以任何形式与从业人员订立协议，免除或者减轻其对从业人员因生产安全事故伤亡依法应承担的责任。"国家对未成年工、孕期和哺乳期的女职工也有一定的劳动保护，《未成年工特殊保护规定》第六条规定："用人单位应按下列要求对未成年工定期进行健康检查：(一)安排工作岗位之前；(二)工作满 1 年；(三)年满 18 周岁，距前一次的体检时间已超过半年。"《女职工劳动保护特别规定》第六条规定："女职工在孕期不能适应原劳动的，用人单位应根据医疗机构的证明，予以减轻劳动量或者安排其他能够适应的劳动。对怀孕 7 个月以上的女职工，用人单位不得延长劳动时间或者安排夜班劳动，并应当在劳动时间内安排一定的休息时间。怀孕女职工在劳动时间内进行产前检查，所需时间计入劳动时间。"

劳动条件是指用人单位要为劳动者提供一定的物质和办公条件，具体包括劳动工具与设备、工作环境、工作场地等方面。比如用人单位应为办公室人员提供电脑、笔记本、办公桌位；应为高空作业人员提供安全帽；应为医护人员提供口罩、防护服；应为高温作业人员提供高温津贴、清凉饮料等。

职业危害是指劳动者因接触粉尘、有毒有害物质、放射性物质而对生命安全和健康所引起的危害。《中华人民共和国职业病防治法》第三十三条规定："用人单位与劳动者订立劳动合同(含聘用合同，下同)时，应当将工作过程中可能产生的职业病危害及其后果、职业病防护措施和待遇等如实告知劳动者，并在劳动合同中写明，不得隐瞒或者欺骗。劳动者在已订立劳动合同期间因工作岗位或者工作内容变更，从事与所订立劳动合同中未告知的存在职业病危害的作业时，用人单位应当依照前款规定，向劳动者履行如实告知的义务，并协商变更原劳动合同相关条款。用人单位违反前两款规定的，劳动者有权拒绝从事存在职业病危害的作业，用人单位不得因此解除与劳动者所订立的劳动合同。"

三、劳动合同约定条款

除上述法定条款之外，用人单位和劳动者可以根据双方实际情况和意愿自行协商补充条款。补充条款一般包括试用期、违约金、培训、保密与竞业限

制、补充保险与福利待遇等内容。

1. 试用期

试用期是用人单位和劳动者为了相互了解、选择而约定的考察期。用人单位主要考察劳动者是否符合录用条件、能否胜任工作;劳动者主要考察用人单位的劳动条件是否符合实际、工作内容是否符合自己预期。之所以约定试用期,一是为了降低用人单位的用工风险,可以让用人单位以更低的成本全面了解劳动者的工作能力和素质,避免雇用不合适的劳动者;二是为了降低劳动者的从业风险,可以让劳动者以更小的代价确定工作内容是否适合自己,以免影响自己的职业规划。

1)试用期期限

试用期长短与劳动合同期限有关。劳动合同期限不满3个月的或者以完成一定工作任务为期限的劳动合同,不得约定试用期;劳动合同期限在3个月以上不满1年的,试用期不得超过1个月;劳动合同期限在1年以上不满3年的,试用期不得超过2个月;劳动合同期限在3年以上或者无固定期限劳动合同,试用期不得超过6个月。试用期期限规定如表5-1所示。

表5-1 试用期期限规定

劳动合同期限(X)	试用期期限(Y)
$X<3$个月或以完成一定工作任务为期限	不得约定试用期
3个月$\leqslant X<1$年	$Y\leqslant 1$个月
1年$\leqslant X<3$年	$Y\leqslant 2$个月
$X\geqslant 3$年	$Y\leqslant 6$个月

试用期包含在劳动合同期限之内。劳动合同仅约定试用期的,该期限就是劳动合同期限。同一用人单位和同一劳动者只能约定一次试用期,试用期一经约定,不能随意延长。

案例探讨5

某用人单位HR在员工入职时告知劳动者,双方先约定2个月试用期以便相互考察,先签订2个月的试用期合同,待试用期通过后再签订劳动合同。

思考:该用人单位的这种做法是否合法?为什么?

答案

2)试用期工资

《劳动合同法》第二十条规定:“劳动者在试用期的工资不得低于本单位相同岗位最低档工资或者劳动合同约定工资的百分之八十,并不得低于用人单位所在地的最低工资标准。”

3)试用期期间劳动合同解除

在试用期,用人单位和劳动者双方均可解除劳动合同。在试用期,劳动者被证明不符合录用条件的,用人单位可以随时解除劳动合同,而且不用支付经济补偿金,前提是用人单位要能够举证劳动者不符合录用条件。劳动者在试用期提出解除劳动合同的,只需要提前3天书面通知用人单位即可。

案例探讨6

张某系某高校应届毕业生,2023年7月入职某新能源汽车公司。双方签订1年劳动合同,约定试用期3个月,正式工资8000元,试用期工资6000元。在张某入职第2个月的月底,公司以张某不符合录用条件为由解除了劳动关系。随后张某以要求公司支付工资差额和违法解除劳动关系赔偿金为由申请仲裁,后诉至法院。公司表示,对张某进行考核后,认为其不符合录用条件,但是没有对公司的录用条件、考核标准和张某不符合录用条件的缘由进行举证说明。最终,法院判定公司与张某约定的试用期不符合法律规定且属于违法解除劳动关系,支持了张某的诉讼请求。

思考:高校毕业生在从校园走进职场的过程中,都会经历试用期,那么试用期要注意哪些事项呢?

(资料来源:叶亚楠. 中国普法网. 有删减改动)

答案

2. 违约金

图5-2　违约金

《劳动合同法》在原则上是否认违约金的,通常情况下,双方当事人不得约定违约金,只有在两种情况下可以约定违约金(见图5-2):一是用人单位向劳动者提供专业技术培训并支付了培训费用,同时与劳动者约定了服务期,劳动者违反服务期约定的,需要向用人单位支付违约金；二是劳动者违反了竞业限制协议约定，需要向用人单位支付违约金。除上述两种情况外，用人单位不得约定由劳动者支付违约金。

3. 培训

用人单位为员工提供培训的，双方可以就培训项目、条件、培训期间工资待遇、服务期等事项签订培训协议。服务期是用人单位委托第三方为劳动者进行专业技术培训，为此要求劳动者必须为之服务的年限。用人单位为劳动者提供专项培训费用的，可以与劳动者订立协议，约定服务期。劳动者违反服务期约定的，应当向用人单位支付违约金。违约金数额不应超过培训费用总额，具体来说，是不超过服务期尚未履行部分所应分摊的培训费用。

案例探讨7

小刘入职一家科技公司，双方签订了3年劳动合同。后因个人发展问题，小刘向公司提出离职。公司同意其离职，但提出，小刘接受了入职培训、技术培训等，公司为其支付了培训师讲课费、讲义手册费等，折算为5000元。小刘提前解除劳动合同，应支付违约金，可用最后一个月工资抵扣。

思考：小刘能否提前离职？案例中违约金及其支付方式是否合法？

答案

4. 保密与竞业限制

劳动过程中涉及用人单位商业秘密的，用人单位可以就有关保密事项做出明确规定。商业秘密包括新产品研发技术、工艺流程、营销策略、竞争战略、客户资源等可以带来经济利益的信息，往往是企业核心竞争力的构成要素，对企业发展至关重要。而对劳动者来说，商业秘密是其再就业的资本，若用人单位没有提前明确要求，劳动者可能会携带商业秘密另谋职业，通过擅自泄露或使用原用人单位的商业秘密来谋取不当利益。因此，用人单位与劳动者可以在劳动合同中约定保守用人单位商业秘密和与知识产权有关的事项，而且可以专门签订竞业限制协议。

竞业限制是指用人单位与劳动者约定，在解除或终止劳动合同后一定期限内，劳动者不得在生产同类产品、经营同类业务或有其他竞争关系的用人单位任职，也不得自行生产或经营与原单位有竞争关系的同类产品或业务。作为补偿，在竞业限制期内，用人单位要按月向受到竞业限制人员支付经济补偿。竞业限制的范围、地域、期限由用人单位与劳动者约定，但是不得违反法律法规的规定。其中，竞业限制期最长不超过2年。如果劳动者违反了竞业限制协议，需要向用人单位支付违约金。

竞业限制人员仅限于用人单位的高级管理人员、高级技术人员和其他负有保密义务的人员。

“绿色”大讲堂

用人单位与劳动者协商一致　可以订立电子劳动合同

2020年3月，人力资源社会保障部办公厅印发《人力资源社会保障部办公厅关于订立电子劳动合同有关问题的函》。文件明确：用人单位与劳动者协商一致，可以采用电子形式订立书面劳动合同。采用电子形式订立劳动合同，应当使用符合电子签名法等法律法规规定的可视为书面形式的数据电文和可靠的电子签名。用人单位应保证电子劳动合同的生成、传递、储存等满足电子签名法等法律法规的要求，确保其完整、准确、不被篡改。符合劳动合同法规定和上述要求的电子劳动合同一经订立即具有法律效力，用人单位与劳动者应当按照电子劳动合同的约定，全面履行各自的义务。

（资料来源：中华人民共和国人力资源和社会保障部）

5. 补充保险与福利待遇

根据法律法规的有关规定，用人单位可与劳动者协商确定补充保险和适应用人单位实际情况的福利待遇。补充保险是除了国家规定的基本社会保险之外，用人单位根据自身实际情况为劳动者建立的一种保险，主要包括补充养老保险和补充医疗保险。其中，补充养老保险是用人单位在国家规定的养老保险基础上，为了提升劳动者退休后的生活水平，根据自身经济实力，自愿为劳动者提供的补充性养老金。补充保险根据用人单位的经济实力而定，用人单位自愿实行，国家不做强制性规定，因此不作为必备条款。

福利待遇主要包括住房补贴、交通补贴、通信补贴、子女托管教育等。

以上法定条款与约定条款构成了劳动合同的内容。大学生应了解劳动合同的内容，知法、懂法和守法，提高社会主义法治素养，在进入社会后能够用法律武器维护自身合法权益。

三 任务三 劳动合同订立、变更、解除与终止

◆ 学习目标

知识目标	(1)了解劳动合同订立的原则 (2)熟悉劳动合同变更的内容及步骤 (3)掌握劳动合同解除、终止的情形与法律规定 (4)掌握经济补偿金支付的要求
能力目标	(1)能够正确订立、变更、解除劳动合同 (2)能够对劳动合同订立、变更、解除的争议进行案例分析
素质目标	(1)树立依法订立、变更、解除劳动合同意识、平等协商意识、程序意识和证据意识 (2)培养客观公正的职业品质以及团队协作意识

★ 劳动寄语

要健全党政主导的维权服务机制,完善政府、工会、企业共同参与的协商协调机制,健全劳动法律法规体系,为维护工人阶级和广大劳动群众合法权益提供法律和制度保障。

——2020年11月24日,习近平总书记在全国劳动模范和先进工作者表彰大会上的讲话

(资料来源:中工网)

★ 劳动启思

王某与某广告公司签订了3年劳动合同,约定岗位为经理助理,月工资4000元,社会保险600元,绩效工资1000元,交通及话费补贴40元,餐补每天10元。1年后,王某开始休产假。公司为了降本增效,单方面决定,每月向王

某支付基本工资2200元，并电话通知王某。王某当时不在，公司便将这一决定告知王某丈夫。王某休完产假后，要求领取全额工资，公司辩称："你怀孕，应该提前告知公司，因你没有提前告知，给公司带来很多麻烦，公司不得不额外雇人，造成了较大损失，仅支付基本工资的做法是为了弥补损失。"而王某认为，公司并没有与自己协商，自己未行使发言权，因此公司单方面确定工资的行为无效。双方争议比较大，于是王某提请仲裁。

（资料来源：全细珍．劳动关系管理法律实务［M］．大连：东北财经大学出版社，2023．有删减改动）

思考：案例中公司单方面变更劳动合同合法吗？为什么？

★ 劳动讲堂

一、劳动合同订立

合同本质上是一种合意。劳动合同订立是指用人单位和劳动者在平等协商一致的基础上，就劳动合同的内容条款达成一致意见的法律行为。该合同是约束双方履行义务的协议。

1. 劳动合同订立原则

《劳动合同法》第三条第一款规定："订立劳动合同，应当遵循合法、公平、平等自愿、协商一致、诚实守信的原则。"

1）合法原则

合法是指劳动合同订立不得违反相关法律法规。合法主要包括内容合法、主体合法、程序合法和形式合法。

内容合法是指劳动合同具备规定的法定条款与约定条款，并且条款的条件、标准不低于国家相关法律法规的规定。

主体合法是指劳动合同的双方主体都必须具备合法的主体资格。用人单位应是依法成立的组织，具有用人权利能力和用人行为能力；劳动者应达到法定劳动年龄且具备劳动能力。

程序合法是指劳动合同的签订过程应遵循法定的程序，双方应协商一致，不得存在欺诈、胁迫等情形。

形式合法是指劳动合同应当以书面形式订立，并具备法律所要求的基本条款，如合同期限、工作内容、工作地点、劳动报酬等。

2)公平原则

劳动合同内容应该公平、合理,在符合法律法规的前提下,双方公正合理地确定各自的权利和义务。比如,用人单位支付了很少的专项培训费用,却约定了很长的服务期,这就违反了公平原则。

3)平等自愿原则

平等原则是指劳动合同双方当事人处于平等的法律地位,没有高低、从属之分。实际上,用人单位处于强势地位,但不得附加不平等的条件。自愿原则是指双方签订劳动合同完全出于真实意愿,不存在欺诈、胁迫等情形。

4)协商一致原则

协商一致原则是指双方当事人在签订劳动合同时,合同中约定的所有事项都必须经过双方协商并达成一致意见。这一原则是平等自愿原则的体现和深化,只有通过协商达成一致,才能体现平等自愿的结果。

2. 劳动合同订立时间

劳动合同订立采用书面形式。《劳动合同法》第十条第一款规定:“建立劳动关系,应当订立书面劳动合同。”假如用人单位和劳动者已经建立劳动关系,未签订劳动合同,应当在用工之日起1个月内补签劳动合同。

案例探讨8

李某凭借个人丰富的知识储备应聘到一家上市公司。入职后,李某觉得公司的环境不太理想,他与同事、领导的关系也不太和谐,于是犹豫要不要继续在这家公司上班。企业HR找李某签订劳动合同时,李某推托过几天再签。一周后,HR又找到李某签订劳动合同,李某又找理由推托了几天。

思考:假如李某在入职后1个月内都拒签劳动合同,该公司应该怎么做?

答案

二、劳动合同变更

1. 劳动合同变更内容

劳动合同变更是指在劳动合同尚未履行完,经劳动合同双方当事人协商一致同意，就劳动合同内容进行部分修改、删减或补充的法律行为。劳动合同变更仅限于内容的变更，即法定条款与约定条款的变更，具体包括工作内容、工作岗位、工作地点、工资待遇等。

主体的变更不属于劳动合同变更。用人单位发生合并、分立的，不影响原劳动合同的继续履行，原劳动合同继续有效。

2. 劳动合同变更程序

劳动双方当事人一方要求变更劳动合同的，应当提前将变更内容与要求书面通知另一方，另一方需在15日内给出同意或不同意的答复。若另一方同意变更，应在双方协商一致的基础上，签订书面协议，载明变更的具体内容和生效日期，签字盖章。变更协议一般作为劳动合同附件，由用人单位和劳动者各执一份。

三、劳动合同解除

劳动合同解除是指在劳动合同期限届满前，用人单位或劳动者提前终止劳动合同的法律行为。劳动合同解除可以分为协商解除劳动合同、劳动者单方解除劳动合同、用人单位单方解除劳动合同3种情形。

1. 协商解除劳动合同

协商解除劳动合同是劳动者和用人单位合意而立、合意而解的法律行为。协商解除劳动合同的关键是要分清楚哪一方先提出解除劳动合同。如果是劳动者先提出解除劳动合同，用人单位无须支付经济补偿金；如果是用人单位先提出解除劳动合同，用人单位应向劳动者支付经济补偿金。

2. 劳动者单方解除劳动合同

劳动者单方解除劳动合同即通常所说的“炒老板鱿鱼”。劳动立法保护了劳动者的弱势地位，允许劳动者有“无因”解除权，也就是说，劳动者可以以任何理由解除劳动合同。劳动者单方解除劳动合同分为以下两种情况。

1）劳动者主动辞职

劳动者因个人主观原因解除劳动合同的，需要提前30天书面通知用人单位，以便用人单位有时间去招聘与物色人选，方便工作交接。劳动者在试用期内解除劳动合同，需要提前3天通知用人单位。劳动者主动提出解除劳动合同，用人单位无须支付经济补偿金。

案例探讨9

(1)大学生能否以“参加专升本”为由与用人单位解除劳动合同?

(2)工厂职工能否以“回家相亲结婚”为由辞职?

(3)教师能否以“世界那么大,我想去看看”为由解除劳动合同?

答案

2)劳动者被动辞职

被动辞职在此处是指用人单位在履行劳动合同中存在过错而导致劳动者不得不提出辞职。被动辞职包括两种情况:一是劳动者可随时通知用人单位解除劳动合同;二是劳动者无须通知用人单位可立即解除劳动合同。

(1)劳动者可随时通知用人单位解除劳动合同的情形包括:用人单位未按照约定提供劳动保护或劳动条件的;用人单位未及时足额支付劳动报酬的;用人单位未为劳动者缴纳社会保险的;用人单位规章制度违反相关法律法规规定、损害劳动者权益的;因《劳动合同法》第二十六条第一款规定的情形导致劳动合同无效的;法律法规规定的可以解除劳动合同的其他情形。

(2)劳动者无须通知用人单位即可解除劳动合同的情形包括:用人单位以暴力、威胁或非法限制人身自由的手段强迫劳动者劳动的;用人单位违章指挥、强令冒险作业危及劳动者安全的。此两种情形都危及劳动者人身健康安全,危害极大,故无须通知用人单位即可解除劳动合同。

劳动者被动辞职的两种情形,都是用人单位存在过错,故用人单位解除劳动合同时,需要向劳动者支付经济补偿金。

3. 用人单位单方解除劳动合同

用人单位单方解除劳动合同,可以分为因劳动者过失解除劳动合同、非因劳动者过失解除劳动合同以及经济性裁员解除劳动合同。

1)因劳动者过失解除劳动合同

劳动法虽然是偏向劳动者而立法的,但在某些情形下也允许用人单位随时通知劳动者解除劳动合同,这说明劳动者犯了很严重的错误,具体包括以下情形。

（1）在试用期被证明不符合录用条件的。

（2）严重违反用人单位规章制度的。

（3）严重失职、营私舞弊，给用人单位带来重大损失的。

（4）劳动者同时与其他用人单位建立劳动关系，对完成本单位工作任务造成严重影响，或经用人单位提出，拒不改正的。

（5）以欺诈、威胁的手段或者乘人之危，使对方在违背真实意思情况下订立或变更劳动合同，导致劳动合同无效的。

（6）被依法追究刑事责任的。

以上劳动合同解除，虽是用人单位主动解除，但解除原因是劳动者存在过错，故用人单位无须支付经济补偿金。

“蓝色”大讲堂

劳动者过失性解除劳动合同实践

1. 因“劳动者在试用期被证明不符合录用条件”解除劳动合同

（1）必须是不符合录用条件。此处的“录用条件”一定要提前设计并注明。如果没有设计录用条件，那么用人单位无权以此为由解除劳动合同。

（2）必须在试用期内做出决定。如果超过试用期才做出不符合录用条件的判定，用人单位不能以该理由解除劳动合同。

（3）必须提供相应的证据。

2. 因“严重违反用人单位规章制度”解除劳动合同

（1）必须要有合法有效的规章制度。用人单位的规章制度必须内容合法、程序合法。程序合法是指用人单位在制定规章制度时务必要经过民主程序、集中集体通过程序、向劳动者公示程序。规章制度可以作为员工工作手册让员工进行学习并应让员工签字。

（2）对严重违纪做出具体界定。

（3）做好日常管理取证工作。

3. 因“严重失职、营私舞弊，给用人单位带来重大损害”解除劳动合同

（1）用人单位应事先具体界定“重大损害”。

（2）注意取证。

（资料来源：全细珍，龙云兰. 劳动关系管理法律实务[M]. 大连：东北财经大学出版社，2023. 有删减改动）

2）非因劳动者过失解除劳动合同

在实际工作中，劳动者本身没有主观过失，但是由于劳动者自身客观原因或外部环境的变化，用人单位可以在履行法定程序、付出相应成本后解除劳动合同，这种解除需要提前30天书面通知或额外支付一个月的工资，具体包括以下情形。

（1）劳动者患病或非因工负伤，在规定的医疗期满后不能从事原工作，也不能从事另行安排的工作的。

（2）劳动者不胜任工作，经培训或调岗之后，仍不能胜任工作的。

（3）劳动合同订立时所依据的客观情况发生重大变化，致使劳动合同无法履行，经用人单位与劳动者协商，未能就变更劳动合同内容达成协议的。

以上劳动合同的解除是用人单位主动提出的，需要用人单位支付劳动者经济补偿金。

案例探讨10

如何看待企业中盛行的“末位淘汰制度”？

答案

3）经济性裁员解除劳动合同

经济性裁员是指企业经营陷入严重困难而且没有其他代偿措施时进行的附属解雇。

根据《劳动合同法》第四十一条第一款的规定，有下列情形之一，需要裁减人员20人以上或不足20人但占企业职工总数10%以上的，用人单位应提前30日向工会或者全体职工说明情况，听取工会或者职工的意见后，裁减人员方案经向劳动行政部门报告，可以裁减人员。

（1）企业依照破产法规定进行重整的。

（2）生产经营发生严重困难的。

（3）企业转产、重大技术革新或者经营方式调整，经变更劳动合同后，仍需裁减人员的。

（4）其他因劳动合同订立时所依据的客观经济情况发生重大变化，致使劳动合同无法履行的。

经济性裁员，用人单位需要向劳动者支付经济补偿金。

4. 用人单位不得解除劳动合同

不得解除劳动合同的规定仅限于用人单位，具体包括以下情形。

（1）从事接触职业病危害作业的劳动者未进行离岗前职业健康检查，或者疑似职业病病人在诊断或者医学观察期间的。

（2）在本单位患职业病或者因工负伤被确认为丧失或者部分丧失劳动能力的。

（3）患病或非因工负伤，在规定的医疗期内的。

（4）女职工在孕期、产期、哺乳期的。

（5）在本单位连续工作满15年，且距法定退休年龄不足5年的。

（6）法律、行政法规规定的其他情形。

用人单位违法解除或终止劳动合同，劳动者要求继续履行的，用人单位应当继续履行；劳动者不要求履行或不能继续履行的，用人单位应当按照经济补偿金的2倍支付赔偿金。一旦被认定为违法解除劳动合同，用人单位哪怕支付再多的费用，只要劳动者坚持继续履行，劳动合同就无法解除。大学生应了解与劳动合同有关的法律规定，能知法、懂法、守法和用法，切身维护自身合法权益。

案例探讨11

邓某是商场售货员，其丈夫是个体户。某天中午，其丈夫给她打电话："我今天晚上谈生意，要请客户吃饭，吃完饭以后我们要去游泳，你帮我买4条泳裤拿到饭店来。"下午，邓某趁其他售货员没注意，悄悄从柜台里拿出4条泳裤装进自己的手提包，离开了商场。

没想到，客户因贪杯喝醉，没有去游泳。第二天上班时，邓某将悄悄拿走的泳裤原封不动地带回商场，趁人不注意时放回原处，然而却被组长发现。商场领导得知此事后，非常生气，认定邓某的行为属于"私自将商品拿出商场"，属于严重违纪，要给予其解除劳动合同的处罚。邓某承认了错误，但坚持说不能解除劳动合同，因为她怀孕了。

思考：孕期女职工严重违纪，用人单位能否解除劳动合同？

（资料来源：中国就业培训技术指导中心．企业人力资源管理师（四级）［M］．北京：中国劳动社会保障出版社，2020.）

答案

四、劳动合同终止

劳动合同终止是指劳动合同期限届满或者法律法规规定的终止条件出现，一方或双方当事人消灭劳动关系的法律行为。

劳动合同终止包括以下情形。

(1)劳动合同期满的。

(2)劳动者开始依法享受基本养老保险待遇的。

(3)劳动者死亡，或被人民法院依法宣告死亡或失踪的。

(4)用人单位依法宣告破产的。

(5)用人单位被吊销营业执照、责令关闭、撤销或者用人单位决定提前解散的。

(6)法律、行政法规规定的其他情形。

五、经济补偿金支付

根据《劳动合同法》第四十七条的规定，经济补偿金依据劳动者在本单位工作年限，按照每满1年支付1个月工资的标准向劳动者支付。工作年限为6个月以上不满1年的，按1年计算，即支付1个月工资；不满6个月的，按半年计算，即支付半个月工资，作为经济补偿。

劳动者月工资高于用人单位所在地的本地区上年度职工月平均工资3倍的，其经济补偿金按照本地区职工月平均工资的3倍数额进行支付，支付年限最长不超过12年。

月工资是指劳动者在劳动合同解除或终止前12个月的平均工资。

★ 劳动拓展

高薪急聘当诱饵，教你如何识破国际劳务陷阱

2023年，电影《孤注一掷》上映。该影片通过一些真实案例的改编，生动地揭示了电信诈骗的危害和欺骗性，引起了广泛关注。2025年1月5日，演员王星女友“嘉嘉”在社交平台上发文求助，称男友王星赴泰国进组拍戏，于北京时间1月3日中午12时许在泰缅边境失联。事件发生后，嘉嘉立即在上海报警，

同时求助中国驻泰国大使馆、驻清迈使领馆。此事引发广泛关注，社会影响巨大。如今，越来越多求职者将目光转向海外就业、国际求职、出国劳务，警惕以下四大骗局，有助于你识破国际劳务陷阱。

1. 以“高薪急聘”为诱饵，虚假招工

一些国际劳务派遣公司抓住人们想出国挣钱的心理，以“急聘”“薪酬高”为诱饵，刻意隐瞒国外工作的具体行业和存在的风险，充分利用与务工人员之间的信息不对称，诱使务工人员在不明实情的情况下签订不平等劳务合同，导致务工人员到国外后才发现被骗，陷入维权困境。

2. 想出国先交钱，不法分子携款潜逃

一些不合法的国际劳务派遣公司会在务工人员出国前，向其收取高额中介费、报名费、保证金，随后携款潜逃。

3. 出国后补签证，权益受损求助无门

一些无资质的中介机构谎称“免签国不需要办工作签证”或“先出国再补办”，直接将劳务人员输送出国。而实际上，持非工作类签证的务工人员，在当地不仅无法保障自身合法权益，而且其务工行为还可能触犯当地法律，名为出国工作，实则打“黑工”，一经发现就会被立即遣送回国。

4. 伪造材料引诱出境，深陷困境难以脱身

一些不法公司、个人以“高薪、工作轻松”为诱饵引诱亲人、朋友等出国工作，甚至伪造一些工程项目资料和虚假证明来骗取亲友信任。待务工人员出境后，便没收其通信设备、撕毁护照，逼迫其从事跨境电信诈骗等违法犯罪活动，务工人员如不听从就会遭到殴打或其他惩罚。

5. 如何避免落入“国际劳务”陷阱

(1)通过各种渠道获得境外招工信息后，可通过中华人民共和国商务部官网查询相关劳务派遣公司是否被列入“对外劳务合作企业名录”，不能仅凭一些表格、联系电话和亲朋的保证来证实劳务派遣公司的正规性。

(2)不同国家的劳务派遣政策通常存在差异，可以通过国家大使馆或官方网站了解详细的求职政策。

（3）旅游签证不能等同于境外劳务工作签证，劳务者务必要分清签证类型，避免被欺骗、蒙蔽。

（4）劳务者应避免通过不知名网站和非官方注册的社交账号求职或缴费，谨慎提供个人信息。

（资料来源：如何识破出国劳务陷阱？警惕这四大骗局. 中国普法教育网）

★ 劳动实践

【实践项目】

人物访谈——新形态就业劳动者

【实践目的】

（1）提高收集与分析资料、与人交流沟通、团队协作的能力。

（2）通过人物访谈寻找身边的新就业形态劳动者，走近他们，了解他们的劳动感受和劳动想法，更好地思考未来职业选择。

（3）针对新就业形态劳动者面临的法律权益问题以及其他困惑进行答疑。

【实践内容】

（1）6~7人为一组，以小组为单位进行实践，捕捉各行各业新形态劳动者在劳动过程中的美好瞬间。

（2）小组成员分工协作，提前准备好访谈提纲，主要包括劳动内容、劳动过程、劳动感受、劳动优势与不足等方面。

（3）提前了解被访谈者，准备好访谈时所需要的材料，比如访谈记录表、录音笔、摄像机等。

（4）对被访谈者的劳动内容、劳动事迹、劳动感受进行记录、整理并汇报展示，要求采用PPT形式，提供采访过程以及记录美好劳动瞬间的视频。

（5）从劳动实践过程、劳动实践中发现的问题、自身不足、掌握的知识技能、劳动价值观收获5个方面撰写劳动实践总结。

【实践考核】

对劳动素养、劳动过程、劳动结果3个指标进行考核，综合评价=小组自评（20%）+小组互评（30%）+教师评价（50%），具体如表5-2所示。

表 5-2　劳动实践考核评分表

评分指标		分值/分	小组自评	小组互评	教师评价
劳动素养（30%）	小组分工合理，准备活动充分	10			
	态度积极活跃，氛围和谐融洽	10			
	具有正确的劳动态度	10			
劳动过程（30%）	记录美好劳动瞬间的视频质量高	15			
	访谈过程顺利，表现得体	15			
劳动结果（40%）	汇报 PPT 美观大方、形式新颖	10			
	劳动内容、劳动过程、劳动感受、劳动优势与不足等内容翔实	15			
	劳动总结深刻、全面	15			
总分		100			
综合评价	小组自评（20%）+小组互评（30%）+教师评价（50%）=				

扫码自测

项目六　生活性劳动实践

- 项目六　生活性劳动实践
  - 任务一　红色非遗劳动——湖州紫笋茶制作技艺
    - 认识紫笋茶
    - 紫笋茶的制作技艺
    - 中国茶文化与茶礼仪
  - 任务二　绿色低碳劳动——绿色低碳生活实践
    - 认识绿色低碳
    - 绿色校园典型实践
    - 低碳环保生活实践
  - 任务三　蓝色工匠劳动——双林绫绢织造技艺
    - 认识绫绢
    - 绫绢织造流程与特色
    - 绫绢织造技艺的传承与发展

项目导读

生活性劳动实践是指与人们日常生活紧密相关的劳动活动，这些活动不仅能满足人们的生活需求，同时承载着文化教育和社会教育功能。本项目旨在通过介绍三种具有鲜明特色的劳动实践，帮助当代大学生更好地理解和融入生活性劳动实践。

“红色非遗劳动”通过湖州非遗顾渚紫笋茶制作技艺传播茶文化与礼仪，“绿色低碳劳动”通过理论和案例普及低碳理念，“蓝色工匠劳动”通过非遗双林绫绢织造技艺传承工匠精神。这三种劳动实践各自代表了生活性劳动的不同层面：一是对传统文化的传承，二是对环保理念的践行，三是对工匠精神与职业素养的培养。通过这三种劳动实践，不仅能提升地方传统文化的普及度，还能帮助大学生在当代劳动教育中找到自己的角色定位，激发当代大学生的责任感与创造力，促进个人与社会的和谐发展。

任务一　红色非遗劳动——湖州紫笋茶制作技艺

◆ 学习目标

知识目标	(1)了解紫笋茶的历史与文化背景 (2)了解紫笋茶的制作技艺 (3)了解现代茶文化与礼仪
能力目标	(1)能够完成基本的泡茶、品茶流程 (2)能够对传统与创新进行辩证思考
素质目标	(1)塑造正确的劳动价值观 (2)增强文化认同与民族自信心 (3)树立生态文明意识与社会责任感

★ 劳动寄语

要统筹做好茶文化、茶产业、茶科技这篇大文章,坚持绿色发展方向,强化品牌意识,优化营销流通环境,打牢乡村振兴的产业基础。

——2021 年 3 月,习近平总书记在福建考察时的讲话

★ 劳动启思

七家茶

南宋时期,每逢立夏,杭州居民习惯烹煮新茶,并搭配各种精美细果赠送给亲友和邻居,这种习俗被称为“七家茶”。在这一传统中,人们常在茶杯中放入两颗“青果”,如橄榄或金橘,寓意新春吉祥如意,体现了传统文化中的礼仪。

思考:(1)你还知道哪些和茶相关的习俗?

(2)你了解敬茶和饮茶的礼仪吗?

★ 劳动讲堂

一、认识紫笋茶

1. 紫笋茶简介

紫笋茶又名“顾渚紫笋”“长兴紫笋”，是中国传统名茶，产自浙江省湖州市长兴县水口乡的顾渚山一带，属于绿茶类别。该茶茶芽色泽微紫，嫩叶背部呈卷曲状，酷似笋壳，因此得名“紫笋茶”，如图6-1～图6-3所示。作为历史悠久的贡茶之一，顾渚紫笋茶享有“上品茶”的美誉，深受茶人喜爱。每年清明至谷雨，可采摘一芽一叶或一芽二叶初展。制作紫笋茶要经历14道工序，历经半月之久。

图6-1　紫笋茶嫩芽

图6-2　紫笋茶新芽

图6-3　紫笋茶炒后成品

2. 紫笋茶的发展历史

顾渚村位于长兴县水口乡，东临太湖，北与江苏宜兴接壤，三面环山，是自古闻名的风景区，该地森林覆盖率高达76%，气候温和，冬无严寒，夏无酷暑。茶树与竹林在顾渚山中共生共长。

紫笋茶的历史可谓源远流长，它成名于公元770年成立的大唐贡茶院，茶圣陆羽盛赞其为“茶中第一”。到了唐朝广德年间，紫笋茶正式成为皇室贡茶。由于紫笋茶品质优良，馥郁醇厚，还被朝廷特选为祭祀宗庙用茶。按照当时皇室的规定，紫笋贡茶细致地分为五等，而其中最为重要的第一批茶，必须确保在清明前顺利抵达长安，以免错过祭祀宗庙这一重大活动。也正因如此，第一批进贡的紫笋茶被赋予一个特别的名字——“急程茶”。

“凤辇寻春半醉回，仙娥进水御帘开。牡丹花笑金钿动，传奏吴兴紫笋来。”这是唐代诗人张文规对当时紫笋茶进贡情景的生动描述。由于皇帝对湖州顾渚紫笋茶尤为喜爱，宫女一听到茶叶运到宫的消息，便立即向正“寻春半醉”的皇帝禀报。

“琼浆玉露不可及，紫笋一到喜若狂。”一千多年前，唐代宫殿里，令人翘首以盼的除了岭南妃子笑，就是湖州顾渚紫笋茶。

在紫笋茶全盛时期，每年谷雨前的制茶季，皇帝都会诏命湖、常两州刺史督造贡茶。顾渚山立旗张幕，太湖里画舫遍布，盛况空前。当时长安与湖州相距1000多公里，交通极为不便（见图6-4），为了确保贡茶在清明前如期送到，送茶队伍常常在清明前10天就起程，故有“十日王程路四千，到时须及清明宴”的诗句。曾经就有一个叫裴充的湖州刺史，因没有如期将急程茶送到而被撤职。

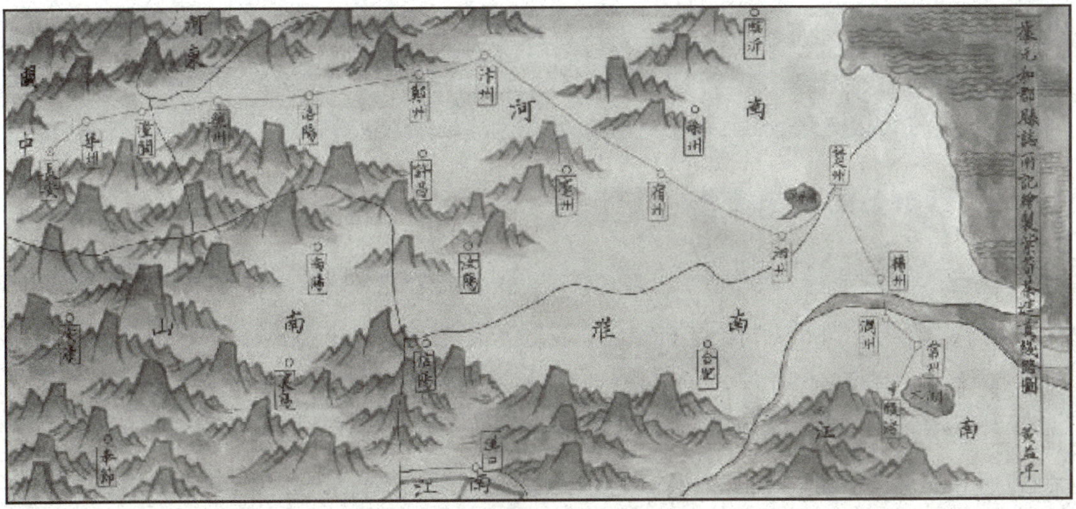

图6-4 紫笋茶进贡路线图

岁月流转，在明朝洪武八年，朝廷下达了“罢贡团茶”的诏令，从此紫笋茶结束了600余年的贡茶生涯。紫笋茶是中国贡茶中进贡历史最久、制作规模最大、数量最多、进贡时间最长的茶品，堪称“中国贡茶之最”。清代文人因怀念唐代茶文化的辉煌，常在诗文中提到紫笋茶。如张岱在《陶庵梦忆》中写道：“唐茶为最，顾渚紫笋可传千年。”

在随后的一段时间，顾渚紫笋茶逐渐在人们的视野中消失。经过漫长的等待，直至20世纪70年代末，湖州市政府重新试产、培育紫笋茶，2022年紫笋茶制作技艺被纳入国家非物质文化遗产名录，使得这颗黯淡已久的星星再度绽放出属于它的独特光芒。

"红色"大讲堂

紫笋茶制作技艺成功入选"非遗"

2022年5月，紫笋茶制作技艺入选第三批国家级非物质文化遗产名录。同年11月，联合国教科文组织保护非物质文化遗产政府间委员会第17届常会于11月28日至12月3日在摩洛哥拉巴特召开，中国申报的"中国传统制茶技艺及其相关习俗"成功入选"人类非物质文化遗产代表作名录"，成为我国第43个非遗项目，其中绿茶制作技艺（紫笋茶制作技艺）名列其中。"'中国传统制茶技艺及其相关习俗'列入联合国教科文组织人类非物质文化遗产代表作名录，对于弘扬中国茶文化很有意义。"习近平总书记曾对非物质文化遗产保护工作作出重要指示："要扎实做好非物质文化遗产的系统性保护，更好满足人民日益增长的精神文化需求，推进文化自信自强。"

二、紫笋茶的制作技艺

《茶经·三之造》曰："晴，采之、蒸之、捣之、焙之、穿之、封之、茶之干矣。"

唐代紫笋茶饼的制作过程，与《茶经·三之造》中的记载一致，需经历精挑细选摘茶叶、蒸汽杀青保绿色、蒸罢捣碎如细米、圈模成规拍成饼、晾至半干刀锥孔、茶饼慢焙穿作串、挑选封包细贮存等工序。到了宋代，紫笋茶制作技艺有所改进，发展为蒸青后研磨成膏、经过模压而成的龙团茶。到了明代，朱元璋推行"废团改散"，紫笋茶便转变为以烘炒为主的条形散茶形式，如图6-5所示。

图6-5　紫笋茶制作

在紫笋茶制作技艺随历史发展不断演进的同时，古代制茶方法也被完好地保存下来，延传至今形成了茶叶界绝无仅有的“一茗七法”（包括团法、饼法、凌霄法、周氏炒青法、许氏炒青法、北山僧法和大叶蒸青法）。现代紫笋茶制作需先采摘一芽一叶初展的鲜叶，再经过分拣、摊青、杀青（包括理条）、回凉、初拣、复炒、复回凉、复拣、初烘、复烘、贮香、品验、包装14道工序，前后所用时间达半月之久。

（1）采茶。依古训“晴天采之”，且必选“阳崖阴林”之地。采茶要求一芽带一叶，芽必肥硕，叶必初展，如图6-6所示。

（2）分拣。采下的茶芽称为青叶，要及时将其薄摊于竹匾上，将混入其中的杂物及不符合要求的芽叶剔去，如图6-7所示。

图6-6　采茶

图6-7　分拣

（3）摊青。将鲜叶放在竹匾上摊青，使芽叶柔软、散发青气。持续4~6小时，每隔半小时翻动一次，翻动时要求轻、匀，如图6-8所示。

（4）杀青。将炒锅烧热至240℃以上后，将青叶投入锅中，听到噼啪声响时加大火力，闷抛结合，反复进行，直至芽叶绵软，如图6-9所示。

（5）回凉。完成杀青后的芽叶称为杀青叶，用棕帚将其扫入竹箕，快速摊于竹匾上，一边翻抖，一边用小扇急扇，驱除热气，避免杀青叶闷黄；冷定后将其置于阴凉处10~15分钟，使其中剩余水分重新分布，如图6-10所示。

（6）初拣。如发现芽叶焦枯，或有杀青不到位、出现红梗红叶的情况，要将其剔除，如图6-11所示。

图6-8　摊青

图6-9　杀青

图6-10　回凉

图6-11　初拣

（7）复炒。继续挥发水分，进一步增加香气，整形理条，使芽叶趋于细紧。其中整形理条有四种手势，即抓、甩、抖、闷，四者交替进行，如图6-12所示。

（8）复回凉。复炒直至茶叶半干就出锅，出锅后再摊开冷却，目的是让杀青叶中剩余的水分重新分布，如图6-13所示。

图6-12　复炒

图6-13　复回凉

(9)复拣。再对回凉叶进行一次拣剔，方法与杀青后初拣相同。红梗、红叶、老斑叶，必须剔除，如图6-14所示。

(10)初烘。烘焙要用实炭，且以竹炭为最佳。初烘前，先将炭烧透装于炭盆中，静置至无烟。将炭盆置于竹笼中，笼上覆烘台，上覆纱布，待台面温度升至90℃~110℃，将茶叶均匀薄摊于纱布上。茶工谨守其旁，每烘片刻须将纱布四角提起翻抖，而后将其置于无温竹匾上回凉片刻，再回烘，反复烘制直至芽叶边缘全干，再摊晾15分钟后复烘，如图6-15所示。

图6-14　复拣

图6-15　初烘

(11)复烘。复烘方法与初烘相似，但烘台台面温度较低，为60℃~90℃，仍要求茶工谨守其旁，每隔15分钟翻抖一次，并回凉3~5分钟再烘，直至茶叶骨梗全干时结束。此时，可将数笼茶并作一笼，盆中留少许余烬，足烘一夜，次日早起收藏。紫笋茶制作已基本完成，如图6-16所示。

(12)贮香。将烘干的茶叶标明日期贮存在石灰缸内，称为贮香，也称做香。在贮香过程中，要用无异味的纱布或纸张将干茶包裹后再放入缸内，如图6-17所示。

图6-16　复烘

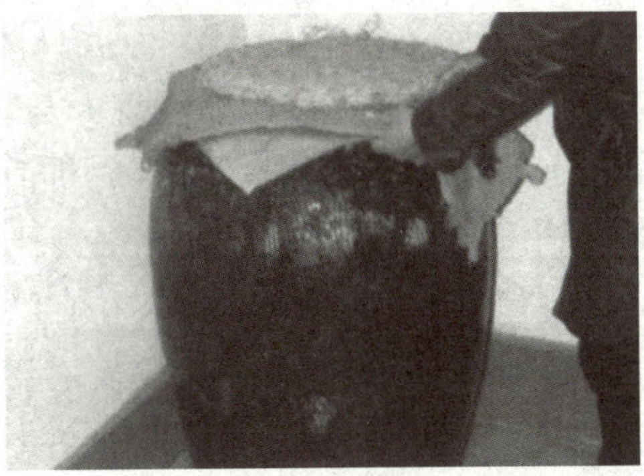

图6-17　贮香

（13）品验。贮香10～15天后，将茶取出，一一品验，只有能达到预期口感要求的茶才是上品成茶，如图6–18所示。

（14）包装。将通过品验的茶包装好，即可上市，如图6–19所示。

图6–18　品验

图6–19　包装

（资料来源：部分内容摘选自《说茶传媒》、图片来自中国茶叶博物馆茶友会）

炒青紫笋散茶从加工工艺看，属于半炒烘类型，既用锅炒，又用炭烘焙，因而外形紧结，又较完整。经过道道工序，最终制成的极品紫笋茶芽叶细嫩，芽色带紫，芽形如笋，条索紧裹；冲泡时茶香馥郁，茶叶舒展后，呈兰花状，茶味鲜醇而温润，尝之齿颊甘香，如同山间清泉流，回味无穷。

紫笋茶制作技艺恢复后，长兴县农业部门在庄晚芳等茶叶专家的指导下，以传统制作技艺为基础，对紫笋茶散茶加工程序进行了科学改良，优化了其中的摊青、初烘等步骤，将原有的14道工序简化合并为12道。因此，现在也有部分茶农采用的是改良后的12道工序炒茶法。

三、中国茶文化与茶礼仪

1. 中国茶文化

茶起源于中国，盛行至世界，成为连接各国文化的重要纽带。习近平总书记高度重视茶文化的保护、传承与发展，多次通过“以茶论道”，深刻阐释茶中蕴含的文化内涵，以妙喻展现人与自然和谐共生的哲理，同时倡导国际关系中“和而不同”“合作共赢”的核心价值理念。

一杯“中国茶”，蕴含中国人独特的处世哲学和待客之道。中国的“茶文化”已有四千多年的历史，茶礼有缘，古已有之。“客来敬茶”是中国人重情好客的传统美德与礼节。无论是宾客至家、亲朋相聚，还是节庆活动，总要沏上一杯香茗。这一源自东方的独特文化，历经千年的沉淀与发展，已然成为一种生活礼仪与文化的象征礼之于茶，礼之于器，也礼之于人。无论主客，都讲究一个喝茶明礼、品茶有道。礼节是见微知著，细节之处观风雅。中国茶道的精神内涵可以概括为四个字：和、敬、清、寂。

2. 生活中的茶礼仪

1）奉茶之礼

（1）分茶一致。分茶时要做到每位客人茶水水量一致，以示茶道公正平等，无厚此薄彼之意。分茶时，通常将茶杯放于客人右手的前方。

（2）倒七分满。茶水倒至七分满，如图6–20所示，寓意“留三分情谊”，既可避免烫伤，也便于对方握杯啜饮。

（3）端茶敬客。倒茶时需轻拿轻放，避免发出声响；端茶时双手奉上，一只手托住杯底的一个点，另一只手则扶住茶杯1/2以下的部分，手指切莫触及杯口，如条件允许应使用茶托以示尊敬。

（4）先客后己。按照尊卑顺序奉茶，一般从长者或贵宾开始，最后才给自己倒茶。倒茶时应右手持壶，放置茶壶时，壶嘴不能正对客人，否则表示请客人赶快离开，如图6–21所示。

图6–20　倒茶

图6–21　茶壶放置

2）敬茶之礼

（1）三道茶。在中国南方一些地区，敬茶通常分三次进行，象征“敬重、感谢、祝福”。

（2）点头致谢。在茶席上，若主人添茶，应点头致意，表达感谢。

（3）叩手礼。叩手礼用于表示对倒茶者的感谢。根据双方辈分或地位的不同，叩手礼分为三种主要形式：长辈为晚辈倒茶时，晚辈应右手握拳，拳背朝上，用五指关节轻叩桌面三下，象征“五体投地”的跪拜礼；同辈之间倒茶时，食指与中指并拢弯曲，轻敲桌面三下，表示平等尊重；晚辈为长辈倒茶时，单指（通常为食指）轻点桌面一下，表示接受谢意。

3）饮茶之礼

（1）闻香品茶。用手托杯底、握杯身，先闻茶香后品茶汤，避免大口吞咽，避免饮茶时挤眉弄眼。

（2）举止有度。饮茶时避免发出声响，勿随意摩擦和撞击茶杯。饮完茶后，应将茶杯轻轻放在茶盘上。

（3）熟知暗语。如果茶味已经淡了，而主人却没有换新茶，这其实是送客的暗示，此时客人应谢过主人后起身告辞。

“茶道”蕴含着中国人的处世哲学和待客之道。有一句俗语是“茶三酒四踢桃二”，它的意思是，在品茗时，三人同饮最为和谐；而在饮酒时，四人一组更为热闹有趣；至于出游赏景，则二人结伴最为相宜。这一俗语体现了茶道中追求和谐、中庸的原则，也反映了古人对人际交往的深刻体会与理解。

“以礼待茶”，是历史镌刻下的气韵，将风雅礼乐浸于这一杯一盏中，在于礼节，也在于品茶的享受。在生活节奏增速的当下，对于品茶的享受，更多在于“自在而饮”，但作为年轻人，也要懂得含蓄的茶文化礼节与蕴意，将中国人的谦逊底色以及深厚的文化底蕴传承下去。

三　任务二　绿色低碳劳动——绿色低碳生活实践

◆ 学习目标

知识目标	(1)掌握绿色低碳的基本概念及绿色发展的重要意义 (2)了解校园中的绿色低碳典型案例 (3)学习生活中常见的绿色低碳实践方式
能力目标	(1)能够识别日常生活中的不环保行为并提出改进措施 (2)学会总结和推广绿色生活经验,将低碳理念融入学习、生活和劳动实践中
素质目标	(1)弘扬绿色发展理念,培养节约意识、环保意识和可持续发展意识,推动生态文明建设 (2)践行低碳环保精神,增强社会责任感,成为积极传播绿色理念的实践者和推动者

★ 劳动寄语

要加快推动发展方式绿色低碳转型,坚持把绿色低碳发展作为解决生态环境问题的治本之策,加快形成绿色生产方式和生活方式,厚植高质量发展的绿色底色。

——2023年,习近平总书记在全国生态环境保护大会上的讲话

★ 劳动启思

(1)你知道“全国低碳日”是哪一天吗?

(2)你在生活中做过哪些“绿色低碳”的事?

★ 劳动讲堂

一、认识绿色低碳

党的二十届三中全会提出："聚焦建设美丽中国，加快经济社会发展全面绿色转型，健全生态环境治理体系，推进生态优先、节约集约、绿色低碳发展，促进人与自然和谐共生。"

在习近平生态文明思想指引下，各地区各部门全面贯彻党的二十届三中全会精神，立足新发展阶段，统筹推进产业结构优化和新发展格局构建，深入探索绿色低碳发展融入国民教育体系的切入点和关键环节。通过采取针对性举措，构建内容丰富、特色鲜明、上下衔接的绿色低碳发展国民教育体系，引导广大青年树立绿色低碳理念，为实现碳达峰、碳中和目标奠定坚实的思想基础并提供行动保障。与此同时，在污染治理、生态保护和应对气候变化等领域，全社会积极参与，推动资源节约和集约化利用，如今绿色低碳的生活方式正逐步成为社会新风尚。

1. 绿色低碳的基本概念

绿色低碳是指以资源节约和环境保护为核心，追求经济、社会与自然和谐发展的可持续发展理念，如图6-22所示。"绿色"强调环保、生态优先，倡导减少环境污染，保护自然生态；"低碳"则侧重通过减少碳排放、提高能源利用效率，实现气候友好型发展。两者的结合反映了人类对可持续发展的深刻认识，是现代社会追求经济增长与生态保护协同并进的关键路径。这种低能耗、低开支的新型生活方式要求每个人都树立一种全新的消费观和生活观。实现绿色低碳生活是一项系统工程，不仅需要政府的引导、企事业单位的带头，更需要学校、社区、家庭和个人的共同努力。

图6-22 全国低碳日宣传海报

（资料来源：中华人民共和国生态环境部）

在实际应用中，绿色低碳涉及多个领域，从能源使用到生产方式，从城市规划到个人生活方式，绿色低碳理念贯穿其中。例如，在能源领域，推广风能、太阳能等清洁能源；在生产领域，推动循环经济，减少资源浪费；在日常生活中，倡导绿色出行、垃圾分类、节水节电等。通过这些具体实践，绿色低碳理念不断融入社会发展的方方面面，成为引领未来的重要方向。

2. 绿色低碳的重要意义

1）应对气候变化，保护地球生态

全球气候变化已成为人类面临的重大挑战。化石能源的大量使用，二氧化碳等温室气体排放剧增，全球变暖、冰川融化、极端天气频发等一系列问题频发。这些变化不仅威胁自然生态系统，还影响人类生存与发展。气候变化带来了如下影响。

（1）全球变暖。气候变化导致全球气温持续上升。国家气候中心数据显示，2024年我国平均气温为10.9℃，较常年平均值9.89℃偏高1.01℃，超过2023年的10.71℃，创下1961年以来历史新高。

（2）冰川消融。随着全球气温升高，冰川和极地冰盖正在迅速融化，破坏了淡水供应，影响了依赖冰川融水的生态系统和人类社区。

（3）海平面上升。海平面上升是全球气候变化带来的严重问题。过去一百年，全球海平面上升了14.4厘米，我国海平面上升了11.5厘米。

（4）极端恶劣天气。气候变化增加了极端天气的发生频率和强度，例如强降雨、洪涝、干旱、台风等，造成了大量人员伤亡和经济损失。此外，地球四分之三的陆地因气候变化逐渐干旱，在1990年至2020年间，全球旱地面积增加了430万平方公里。

（5）农业和自然生态系统。气候变化改变了降水模式，影响了农作物、渔业资源和牧草的生长，对农业生产造成了巨大冲击。同时影响了自然生态系统的稳定性，导致物种分布范围缩小，栖息地丧失，生物多样性面临威胁。此外，珊瑚白化、森林退化和湿地萎缩等现象正在加剧，生态系统服务功能显著削弱。

实现绿色低碳发展是应对气候变化挑战的有效途径。通过减少碳排放，提高能源效率，降低消耗和污染，可以减缓全球变暖趋势，维护自然生态环境和人类社会的可持续发展。

2）推动经济转型，实现可持续发展

传统的高消耗、高污染发展模式已不可持续。资源短缺和环境污染正逐

步限制经济增长，而绿色低碳发展理念为经济转型提供了新路径。

通过推广绿色技术、发展清洁能源、推动循环经济，不仅可以提高资源利用效率，还能催生新的经济增长点。例如，新能源产业的兴起、环保产品的市场化，都为全球经济注入了新的活力。

3）践行生态文明理念，建设美丽中国

生态文明建设是中国经济社会发展的重要组成部分。“绿水青山就是金山银山”这一理念在全国范围内得到了广泛实践，特别是在湖州市，绿色低碳发展成为地方特色。通过生态环境保护与经济发展的融合，许多地区实现了经济效益与生态效益的双赢。

推动绿色低碳发展不仅是对国家发展战略的响应，也是提升生活质量的重要途径。通过优化环境质量，改善生态状况，“美丽中国”的蓝图正逐步实现。

4）增强公民责任感，促进社会参与

绿色低碳不仅是一种政策目标，更是一种社会责任。每个人都可以通过绿色出行、节能减排、垃圾分类等行为，为环境保护贡献力量。随着个人绿色意识的逐步提高，社会将形成良好的环保风气，从而推动整个社会走向可持续发展之路。

二、绿色校园典型实践

1. 浙江省首家绿色低碳产业学院成立

为贯彻落实党的二十届三中全会精神和《中共中央、国务院关于加快经济社会发展全面绿色转型的意见》，2024年9月6日，湖州职业技术学院与湖州市委生态文明委携手成立了浙江省首家绿色低碳产业学院——湖州绿色低碳产业学院。该产业学院的成立，是校城一体化发展、产教融合的成功实践，更是服务国家“双碳”目标和促进区域绿色发展的重要举措。

湖州绿色低碳产业学院旨在围绕全国首个地市级生态文明先行示范区、全国绿色低碳创新综合改革试验区等战略需求，在绿色低碳领域的人才培养、创新平台搭建、应用示范、技术中心建立、服务培训、文化交流、体制机制改革等方面开展重点合作，推动学校加快打造全国高职院校绿色低碳样板地，具体采取以下措施。

（1）专业升级与人才培养。推动专业设置的迭代升级，聚焦新能源开发、

碳排放管理、绿色建筑等领域，培养绿色低碳技术技能型人才。

(2)政校行企协同创新。建设高水平创新平台，推进与政府、行业和企业的协同合作，打造绿色低碳技术研发与推广的创新高地。

(3)绿色校园与文化传播。结合“绿水青山就是金山银山”的理念，推动最美山地大学建设，将绿色低碳发展理念融入校园管理和社会实践，打造理念传播的重要阵地。

以产业学院为平台，湖州市级各部门在体制机制改革、文化交流、技术示范等方面深入合作，为绿色低碳产业发展提供坚实支撑。湖州绿色低碳产业学院的成立标志着高职教育在服务国家绿色发展战略方面迈出了坚实步伐。学校将以更加开放的姿态融入绿色低碳发展的“新赛道”，构建产业赋能教育、教育培养人才、人才支撑产业的循环模式，为全国高职院校绿色发展提供“湖职经验”。

（资料来源：澎湃号湖州发布、南太湖号、湖州职业技术学院官网）

2. 湖州职业技术学院绿色低碳主题活动

为践行绿色发展，高举生态之旗，湖州职业技术学院秉承“绿色、低碳、创新、发展”理念，积极开展多种多样的、与生态环保相关的调研活动、宣传教育活动与校外实践活动，如图6-23～图6-27所示。通过多样化的活动，从多维度、多场景引导学生树立正确的生态文明观，培养学生的环保意识和实践能力，提高学生的绿色创新意识，同时推动绿色发展理念在校园和社会中的传播与落实。

近年来，湖州职业技术学院建筑工程学院围绕立德树人根本任务，对标社会经济绿色转型趋势，不断推进“绿色低碳+建筑”人才培养体系构建，培养适应新质生产力发展需求的建筑工匠。为培养绿色低碳高素质人才，学院聚焦智能建造与建筑工业化协同发展要求和智能建筑绿色低碳发展场景，加大绿色建筑师资团队建设力度。同时，学院在第一课堂中加强理念引导，进一步挖掘专业中的绿色低碳元素；在第二、三课堂中加入绿色低碳产学研实践，在工匠文化中融入绿色底蕴。学院依托湖州市绿色建筑重点实验室和产教合作的企业，有针对性地研究减少资源浪费、碳排放和光污染的建筑技术痛点，获专利数项。习近平总书记在二十届中央政治局第十一次集体学习时指出：“绿色发展是高质量发展的底色，新质生产力本身就是绿色生产力。”未来，湖州职业技术学院将进一步将绿色低碳融入人才培养全过程，为培养具有绿色特质的技术工匠注入澎湃动力。

（a）绿色校友论坛

（b）珍惜粮食主题宣讲

（c）“生态环保”专题绿色读书会活动

图6-23　宣传讲座

（a）绿色低碳知识竞赛

（b）保护生态文明微宣讲比赛

（c）垃圾分类知识竞赛

图6-24　知识竞赛

(a) 绿色低碳乡村实践活动

(b) 植树节活动

(c) 空瓶回收绿色主题活动

图6-25　绿色实践

(a) 绿色夜跑活动

(b) 绿色祭祀主题活动

(c) 绿色DIY主题活动

图6-26　趣味创新

(a) 社区公益服务活动

(b) 绿色智能家居博览会志愿服务活动

(c) 绿色低碳科普活动

图 6-27　社会服务

三、低碳环保生活实践

在全球气候变化和资源紧缺的背景下，绿色低碳生活已成为可持续发展的重要实践方向。大学生作为新时代的青年力量，不仅肩负着推动社会进步的责任，也应在日常生活中率先践行绿色低碳理念，养成低碳环保的生活习惯。从节约用电、用水到减少使用一次性用品，从积极选择绿色出行到参与垃圾分类，每一个小小的举动都能为环保事业增添一份力量，如图 6-28 所示。绿色低碳生活是一种生活方式，更是对生态文明建设的实践与承诺，让我们从自身做起，从日常点滴做起，主动做绿色低碳的先行者。

1. 节约用电用水

(1)优先选择步行上下楼。乘坐电梯时，如有多台电梯同时运行，仅按其中一台的控制钮。在休息时段，尽量减少电梯运行。据测算，每台电梯每年可节电约 5000 度，相当于减排 4.8 吨二氧化碳。

(2)人走关灯，养成随手关灯的习惯，在光线充足时不开灯。据测算，每户每年可节电约 4.9 度，相当于减排二氧化碳 4.7 千克。

(3)合理设定空调温度，夏季空调温度不低于26℃，冬季空调温度不高于20℃。据测算，不论是在制冷模式下将室温调高1℃，还是在制热模式下将室温调低2℃，均可省电10%以上。

(4)手机不充电的时候，要把充电器拔掉；其他电器不用时，要把电源线拔掉。

(5)尽量做到一水多用、循环使用。例如，淋浴时用预热水洗衣，平时用淘米水浇花、冲厕所等。

(6)控制洗澡时间，适度减少用水量。

图6-28　全国生态日宣传海报

（资料来源：中华人民共和国生态环境部）

2. 绿色消费生活

(1)购物时，尽量不购买一次性垃圾袋和过度包装的商品。吃饭或点外卖时，尽量减少使用一次性餐具、一次性塑料吸管和水杯，避免造成浪费。

(2)文明就餐，不浪费粮食，剩菜打包，不乱扔乱倒饭菜。

(3)不跟风购买更新迭代速度快的电子产品。

(4)充分利用数字化信息平台，倡导无纸化办公，内部办公用纸采取双面打印、双面复印，减少纸张浪费。

(5)日常出行优先采用步行、骑行、公共交通、共享交通等低碳出行方式。

(6)积极参与环境保护活动，不购买、不食用、不使用珍稀野生动植物制品。

3. 垃圾分类

(1)学习并掌握垃圾分类知识，主动向家人和朋友推广垃圾分类知识。

(2)控制家庭垃圾数量，在日常生活中养成垃圾及时分类、干湿分离的好习惯。

"绿色"大讲堂

垃圾分类规则

按照一定规则，可将垃圾分为以下几类，如图6-29所示。

1. 可回收垃圾

可回收垃圾是指再生利用价值较高，能进入废品回收渠道的垃圾。常见的可回收垃圾有纸制品、塑料制品、金属制品、玻璃制品、织物等。

2. 有害垃圾

有害垃圾是指含有有毒有害化学物质的垃圾。常见的有害垃圾有灯管、家用化学品、电池等。

3. 厨余垃圾

厨余垃圾是指易腐烂、含有机质的生活垃圾。常见的厨余垃圾有家庭厨余垃圾、餐饮垃圾、果蔬垃圾等。

4. 其他垃圾

其他垃圾是指除可回收垃圾、有害垃圾、厨余垃圾之外的所有垃圾的总称。

图6-29　垃圾分类

在日常生活中，如果遇到分不清类别的垃圾该怎么办？

打开"国务院客户端"的"全国垃圾分类"小程序，可实时解决垃圾分类难题。

（资料来源：澎湃政务，有删减改动）

三　任务三　蓝色工匠劳动——双林绫绢织造技艺

◆ 学习目标

知识目标	(1)掌握双林绫绢织造技艺的历史背景 (2)了解双林绫绢织造技艺的工艺流程 (3)了解双林绫绢织造技艺的文化价值
能力目标	(1)学习分析传统织造技艺的生产原理及工艺特点,培养动手实践能力和对非遗技艺的审美鉴赏力 (2)能够将绫绢织造技艺与现代劳动实践相结合,探索非遗技艺的创新与传承路径
素质目标	(1)认识非遗技艺对弘扬中华优秀传统文化的重要意义 (2)增强文化认同与民族自信心 (3)培育并践行工匠精神

★ 劳动寄语

要坚定文化自信,推动中华优秀传统文化创造性转化、创新性发展,继承革命文化,发展社会主义先进文化,不断铸就中华文化新辉煌,建设社会主义文化强国。

——2020年,习近平总书记在教育文化卫生体育领域专家代表座谈会上的讲话

★ 劳动启思

1972—1974年,长沙东郊马王堆汉墓群出土了大量珍贵文物。其中,在马王堆一号墓,也就是辛追夫人墓中出土的素纱襌衣仅重49克,是世界现存年代最久、最轻、最薄的丝质衣物,代表了中国古代丝织技术的巅峰。

思考:(1)你见过哪些精美的丝织品?它们给你留下了怎样的印象?

(2)你认为传统技艺在现代社会中还有存在的价值吗?为什么?

★ 劳动讲堂

一、认识绫绢

1. 绫绢简介

在我国传统丝织品——绫、罗、绸、缎中，“绫”居于首位。“绫绢”是“绫”和“绢”的合称，正所谓“花者为绫，素者为绢”。绫以繁复华丽的斜纹组织和光泽感而闻名，常被用于装裱书画，或制作高档服饰，如图6-30所示；而绢则因素雅淡然、质地柔软而广受喜爱，是书画创作的重要载体，如图6-31所示。古代文人墨客常将书画作品绘制在绢上，以保存其墨色和韵味，但在宣纸和绢素上所作的书画，容易出现褶皱，不易保存，而绫的缩水率与宣纸基本一致，坚挺优雅，因此多会配以相应的绫进行装裱，尤其是名贵书画。湖州的绫与绢为书画艺术领域提供了挥洒墨彩的绝佳载体与高雅装裱的绝美材料。现代书画家费新我盛赞湖州绫绢“既为书画增光生辉亦为中国装裱工艺争光”。时至今日，装裱仍然是绫绢的主要用途之一。其中，浙江省湖州市双林镇出产的双林绫绢更是传统丝织品中的珍品，其以纯桑蚕丝为原料制成，薄如蝉翼、轻如晨雾、质地柔软，被誉为“丝织工艺之花”。

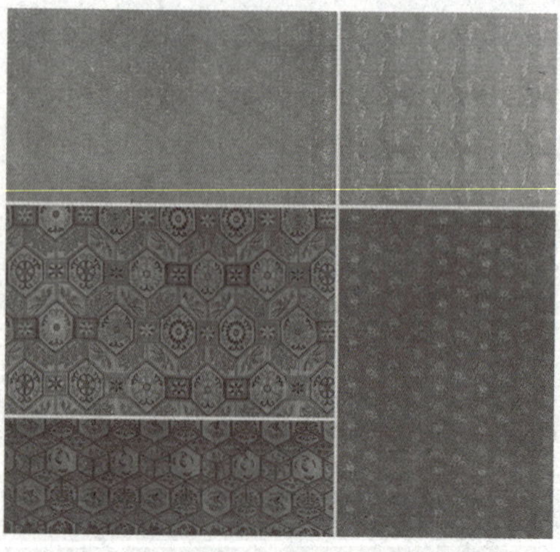

图6-30　古代锦盒绫纹底样

图6-31　仿宋元古粗扁丝绢

双林绫绢不仅是中国丝织工艺的杰作，也是劳动智慧与美学意蕴的集中体现。2008年，双林绫绢织造技艺被列入第二批国家级非物质文化遗产名录；2009年，又被联合国教科文组织列入“人类非物质文化遗产代表作名录”。继被2008年北京奥运会选定为获奖证书制作原材料之后（见图6-32），双林绫绢又于2022年北京冬奥会被选定为获奖证书专用原材料，标志着双林绫绢织造技艺在新时代的文化与历史地位得到进一步确认。

图6-32 2008年北京奥运会1~8名获奖证书

（资料来源：南浔宣传）

2. 绫绢的历史发展

双林绫绢的历史可追溯至新石器时代。通过测定双林镇附近钱山漾遗址出土的碳化绢片，可推测这一地区的绫绢生产已有4700多年的历史。作为中国丝绸文化的重要发源地，湖州的自然资源、蚕桑栽培技术和织造经验为绫绢织造技艺的发展奠定了坚实的基础。据史料记载，湖州丝织产业化始于六朝，发展于唐、宋、元，至明、清兴盛，前后历经1400余年的历史。三国时期，湖州绫绢因其精致与实用性，逐渐成为东吴重要的手工业品，与蜀锦齐名，被称为“吴绫蜀锦”。

东晋太元六年（公元381年），著名书法家王献之担任吴兴太守期间，曾以白练（细白的绢）书写，留下了“王献之书羊欣白练裙”的历史记载，充分体现了细绢在当时作为书写材料的珍贵与优雅（见图6-33）。南朝时期，因梁武帝小名“阿练”，为避讳，将“练”改为“绢”。此时，吴兴郡丝绸产业进一步发展，成为丝、绵、布、帛生产与交易的重要中心，绢也因其轻薄细腻的质地深受文人墨客喜爱，常被用于书写诗篇和题赠作品，彰显了传统丝织技艺与文学艺术的深度融合。这一时期，绫绢的实用性得到提升，同时还被注入了独特的文化价值。

图6-33 绫绢书籍

（资料来源：湖州绫绢研究所）

南朝刘宋时期，绫绢已成为中国对外贸易的“拳头商品”，大量产品通过广州等地出口至东南亚乃至南亚。其中，双林绫绢出口至林邑（越南）、扶南（柬埔寨）、天竺（印度）、狮子国（斯里兰卡）等十多个国家。

唐代是绫绢织造的黄金时代，在织造技术上实现了质的飞跃，尤其是斜纹纺织和花纹设计，达到了空前的艺术高度。唐诗中，绫绢常被作为美好事物的象征。白居易曾赞叹绫绢“异彩奇文相隐映，转侧看花花不定”，充分展现其花纹若隐若现的独特魅力。从唐代起，湖州绫绢生产渐入鼎盛，湖州绫绢成为朝廷贡品，走向国际市场，远销日本等地，成为文化交流的桥梁。这一时期，绫绢不仅是商品，更成为传播中华文化的重要载体，展现了中国古代丝织工艺的高超与文化自信。到了宋代，朝廷在湖州设了织绫务，一来为朝廷岁贡绫绢，二来为朝廷输送织工。

明代是双林绫绢织造技艺发展的又一个高峰。据《吴兴县志》记载，当时的绫绢织造“巧变百出，名目繁多”，既有奢华复杂的图案绫，也有轻便素雅的纺织绢。其中，东庄倪姓家族所织的“双龙缎”最为出名，被专用于朝廷奏本封装，体现了绫绢在皇家礼制中的重要地位。此时的绫绢成为江南地区经济繁荣和文化兴盛的象征。

尽管近代工业化对传统手工织造技艺造成了冲击，但双林绫绢并未消失。中华人民共和国成立后，湖州政府和文化保护机构对绫绢织造技艺进行了一系列抢救性保护。特别是进入21世纪以来，双林绫绢的文化价值和艺术特色重新受到重视，双林绫绢不仅继续用于书画装裱和文物修复，还被赋予新的创意设计形式。通过传承与创新，双林绫绢成为连接传统与现代、地方与世界的重要纽带。

从远古的初创，到唐、宋的繁荣，再到明、清的精进与近代的复兴，双林绫绢织造技艺是一部跨越时空的文化史书。它承载着江南劳动人民的智慧结晶，也展现了中华优秀传统文化的独特魅力。在保护与发展的道路上，双林绫绢织造技艺焕发出新的生命力。

“蓝色”大讲堂

赵孟頫与绫绢

赵孟頫，元代著名书画家，湖州人，出身书香门第，自幼便在湖州这片文化沃土上接受熏陶。他曾师从钱选学习画法，深得晋唐与北宋画风的精髓，尤其擅长人物、鞍马画，并以铁线描和游丝描技法见长。

赵孟頫的许多传世佳作，如《吴兴山水清远图卷》《春山图卷》《秋郊饮马图》等，均为绢本绘制。绫绢这种轻薄细腻、质地柔韧的材料，不仅能够完美展现细腻流畅的线条，还能为作品增添柔美的气韵。书画家在绫绢上挥毫泼墨，赋予了作品独特的质感和韵味，为后世留下了无数传世经典。

据传，赵孟頫肌肤敏感，日常内服皆以绫绢制成。这种天然桑蚕丝织物不仅舒适透气，还符合他的雅致品位。

二、绫绢织造流程与特色

传统双林绫绢织造工艺流程复杂、工序严密，主要有浸泡、翻丝、整经、络丝、并丝、放纤、织造、炼染、批床、砑光、检验与整理等20余道大小工序。

1. 浸泡

在桑蚕茧抽丝之前，需要将桑蚕茧浸泡（见图6-34）在温水中，使其柔软，便于后续的翻丝操作。浸泡时间和水温控制十分关键（一般为45℃左右），会直接影响生丝的质量和光泽。阴干后的蚕丝富有弹性且柔软不易断。

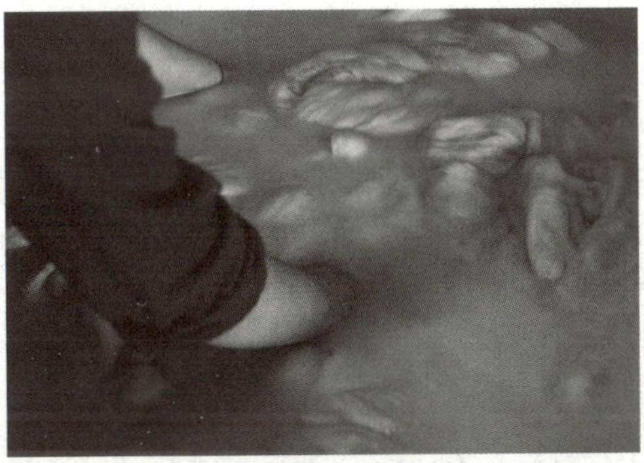

图6-34　浸泡

2. 翻丝

把已浸泡晾干的桑蚕丝放在绷架上，通过传统手法将蚕茧中的丝线逐渐抽出并整齐缠绕成丝束。需注意，遇到断丝要结头，遇到毛丝要剪掉。翻丝（见图6-35）需要由技艺娴熟的工匠完成，应确保每根丝线粗细均匀、无断裂，这样才能保证绫绢织物的细腻质感。

3. 整经

将翻好的丝线按设计好的经纬密度排布整齐，这是决定绫绢纹理均匀性的重要环节。在整经（见图6-36）时，工匠应根据设计的图案和布料规格对丝线的数量和排列方式进行精准调整。

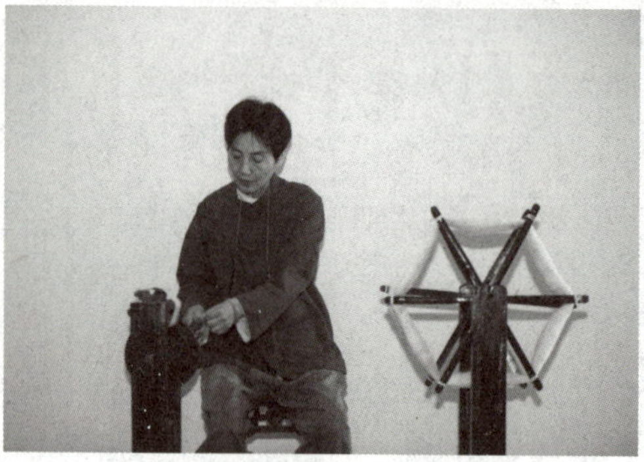

图6-35　翻丝

图6-36　整经

4. 络丝

将翻出的丝线绕在木制纱锭上，以便于贮存和使用，同时消除丝线中的弯曲和打结。

5. 并丝

将多股丝线并拢成一根线束，以确保织造时线条的强度和光滑度。

6. 放纡

根据布料所需图案，将整理好的经线按照设计图案固定在织机上，并精确控制纤维的张力和排列。放纡的准确度直接关系到织物花纹的清晰度和整齐度。

7. 织造

织造（见图6-37）是绫绢制作的核心工艺。工匠利用传统脚踏木织机的经轴进行手工织造，利用提花工艺让丝线按照设计图案交织成花纹。双林绫绢的花纹具有隐现效果，这种"花中有花"的精妙韵味是双林绫绢织造技艺的亮点。

8. 炼染

将织好的绫绢放入沸水中煮，以去除丝线中的胶质和杂质，提升织物的柔软度和光泽度，然后使用染料对绫绢进行染色。如果用双林绫绢制作仿古产品，还需要增加批床和研光的工序。

9. 批床

将染好的绫绢平铺在特制的木板上，一般需要两人，俗称上手和下手。在批床（见图6-38）时，上手负责用刮子整理绫的经纬丝，同时脚和膝盖顶着滚筒；下手一边"批"一边喷水，使布面更加平整、光滑。

图6-37 织造

图6-38 批床

10. 研光

因蚕丝粗细不匀，需要用石元宝反复摩擦绫绢表面，使桑蚕丝由圆变扁，从而使其纹理更加细腻，光泽更加柔和。研光（见图6-39）是提升绫绢质感的关键步骤。

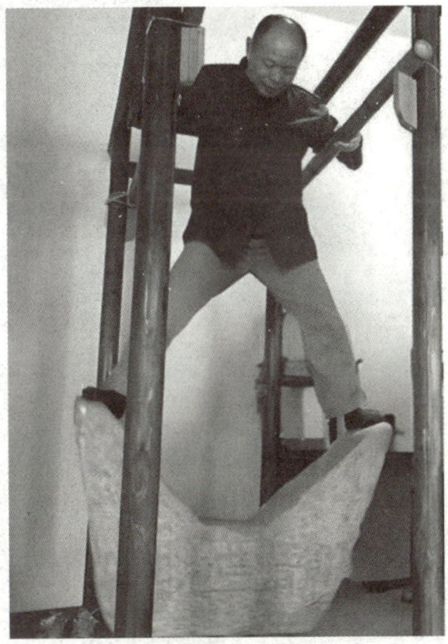

图6-39 研光

11. 检验与整理

在完成所有织造工序后，还应对绫绢进行全面检查，确保布料无断丝、色差或瑕疵。通过整理和修补，可使成品达到更高品质。

双林绫绢织造的每一道工序都需要精细操作，既体现了传统手艺的工匠精神，又蕴含着代代传承的智慧。严格、繁复的织造流程，赋予了绫绢“轻如蝉翼，薄若晨雾”的独特品质，同时也彰显了中国丝织文化的非凡魅力。

三、绫绢织造技艺的传承与发展

双林绫绢织造技艺作为国家级非物质文化遗产，承载着4700多年的文化积淀。在传承与创新的交汇点上，双林绫绢织造技艺焕发出跨越千年的全新生命力。

1. 技艺传承：从濒危到复兴

在民国初年，湖州市双林镇因生产绫绢而被称为“绫绢之镇”。19世纪80年代，双林镇的绫绢产业迎来了黄金时代，生产日益红火，每天有200多台织造机生产，一天的产量有时能达到1万米。在鼎盛时期，绫绢产业甚至成为当地税收和创汇的支柱产业。当时，17岁的郑小华初入双林绫绢厂（见图6-40）工作。他目睹了双林绫绢厂生产的“仿古绢”先后走进故宫博物院、大英博物馆、克利夫兰博物馆、华盛顿博物馆等，成为博物馆修复古旧书画、丝绸文物的材料，对绫绢产生了深厚的感情。

图6-40　双林绫绢厂俯瞰图

（资料来源：湖州味道）

到了20世纪90年代中后期，由于绫绢的产量和销售额连年萎缩，当地绫绢厂纷纷倒闭，双林绫绢厂也难以幸免，从辉煌时期拥有三五百台织机衰败到只剩下二三十台织机。2000年，双林绫绢厂面临破产拍卖，为了传承绫绢织造技艺，郑小华不顾他人劝阻，借钱买下双林绫绢厂的老厂房和技术资料，成立云鹤双林绫绢有限公司。之后，郑小华到处走访老手艺人、老工人，向他们请教绫绢织造的操作技巧，竭力挽救这项濒临失传的传统手工艺。2016年，郑小华出资筹建绫绢艺术馆，并且免费对外开放。2017年，湖州云鹤双林绫绢有限公司被评为“双林绫绢织造技艺”浙江省生产性保护基地。此后，由郑小华带头，成立绫绢织造技艺保护工作小组，旨在传承、保护、发展这项传统织造技艺。

（资料来源：南浔区妇联、中国妇女报）

2. 开拓创新：从传统到现代

2017年，郑依霏从父亲郑小华手中接过接力棒，立志将双林绫绢织造技艺传承下去并发扬光大。当时的郑依霏深知自己对这项传统技艺的理解比较稚嫩，于是投入大量精力开始系统学习与实践。她参加了由非遗司举办的织锦传承人研习班，并与父亲一起多次与国内外博物馆修复专家深入交流，研究古代绫绢残片和绢本画作，从中汲取灵感，琢磨工艺精髓（见图6-41）。通过反复打样和精益求精的设计，郑依霏团队成功推出仿宋、仿明清、仿民国等仿古绢，仿古程度超过90%。这些仿古绢可以用来修复字画，因此成为故宫博物院、上海博物馆等文保机构的紧俏用品。

图6-41　双林绫绢博物馆内的绫绢屏风（作者拍摄）

郑依霏不仅关注对传统技艺的传承，更注重传统技艺与现代市场的结合。她通过淘宝网店和社交平台推广双林绫绢文化，推出个性化定制服务，促使更多年轻人接触并喜爱这项非遗技艺。团队还借助流行文化的力量，与苏州团扇制作传承人合作，推出仿古宫廷团扇（见图6-42），这一产品因热播古装剧的带动成为“爆款”。

图6-42　绫绢团扇

（资料来源：文旅湖州）

在郑依霏的带领下，双林绫绢从书画装裱逐渐拓展到更广泛的应用领域。团队研发了团扇、台灯、屏风等文创产品，还与服装设计师合作，将绫绢融入现代高定成衣和日常服饰设计中。通过技术革新，团队用生绢替代传统矾绢，在延长绢本绘画保存时间的同时，让绫绢在服装和艺术领域焕发新的光彩。

2021年，郑依霏父女受邀为舞蹈诗剧《只此青绿》担任剧中“唱丝”部分的非遗指导。这部以《千里江山图》为引、以舞蹈为媒的舞台作品以展卷、问篆、唱丝、寻石、习笔、淬墨、入画等篇章为纲目，充分展现了国风之美和中国独特的工匠精神。

在创排过程中，郑依霏父女二人为演员讲解绫绢织造的每一道工序，帮助主创团队设计更具真实感的舞蹈动作。当演员们在舞台上展现绫绢织造的场景时，郑依霏与父亲感到无比激动与自豪。这不仅是对绫绢织造技艺的致敬，更是将非物质文化遗产融入当代艺术的成功实践。双林绫绢在国际舞台上也备受瞩目。继2008年北京奥运会和2022年北京冬奥会之后，2023年杭州亚运会的礼盒内衬也以绫绢为制作原料，彰显出中国非物质文化遗产的国际传播力。

（资料来源：南浔区妇联、中国妇女报）

3. 未来展望：从保护到新生

绫绢织造技艺这项国家级非物质文化遗产，走过4700多年“美的历程”，从对传统技艺的坚守到迎合市场需求的创新，这一古老技艺借助现代文化创意“活化”出新的生命力。

近年来，双林镇及相关部门多方合力，积极开展对绫绢织造技艺的传承与保护工作，通过“绫绢+N”模式，将绫绢织造技艺深度融入文旅产业。依托南浔古镇的丰富资源，将绫绢与吃、喝、玩、乐、购等多元场景深度结合，推出了绫绢主题研学项目、非遗体验课程、艺术展览和节庆活动。例如，游客可以亲手体验绫绢织造过程，参与绫绢艺术展，甚至入住融入绫绢元素的特色民宿。通过讲述绫绢背后的历史故事，并结合现代设计与传播方式，南浔正在构建具有地方特色的文化品牌，为绫绢文化的传播开辟了新路径。

为了让绫绢织造技艺更加贴近现代生活，双林镇积极探索市场化运作。通过网络平台、社交媒体和线下活动，将绫绢文创产品推向更广阔的市场。近年来开发的绫绢团扇、香囊、丝巾、书签、服装、手提包、风筝等文创产品（见图6-43、图6-44），兼具传统韵味与时尚设计，深受消费者青睐。

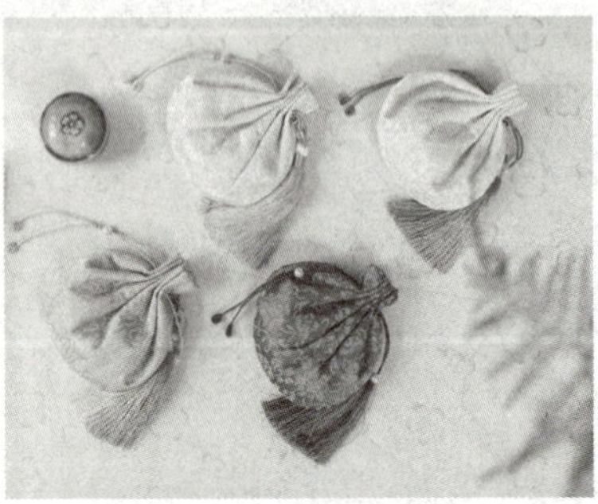

图6-43 绫绢香囊

图6-44 绫绢风筝——沈钰婷

双林绫绢发展的实践证明，非物质文化遗产唯有在传承中融入时代，才能焕发出历久弥新的光彩。未来，双林绫绢将继续走保护与创新相结合的道路。

一方面，通过培养年轻传承人、建设展示与体验空间，确保绫绢织造技艺薪火相传；另一方面，通过开发更多日常化、年轻化的文创产品和生活用品，让绫绢真正融入现代生活。同时，通过与文旅融合、跨界合作以及数字化传播，进一步提升双林绫绢品牌的国际影响力，使其成为中国非物质文化遗产的靓丽名片。

★ 劳动拓展

叩手礼

叩手礼，相传起源于乾隆年间。乾隆在位时，时常南巡。一日，乾隆微服私访，同一行人进了一家茶馆。因他装扮成仆人模样，在茶桌上就应为一位大臣斟茶。旁人不知，可这位大臣内心十分不安，乾隆乃九五之尊，他如何消受得起这杯茶？但他若跪下谢恩，必然会暴露乾隆的身份，惹出大事。于是，这位大臣便灵机一动，想到了用“叩手”代替“叩首”。他将食指、中指、无名指三指弯曲，在桌上轻叩三下，不动声色地向乾隆表达了“三拜九叩”之意。自此，“叩手礼”便流传开来。有了“叩手礼”，宾主尽可谈笑自若，不必因倒茶的客套打断话题。

★ 劳动实践

【实践项目】

制作非遗绫绢团扇

【实践目的】

（1）能够在老师的指导下制作一把绫绢团扇。

（2）能够提高动手能力，通过实践感受绫绢熟娟面料的丝织特性。

（3）通过小组讨论，发挥创造能力，培养创新意识，为非物质文化遗产的新发展提供新思路。

【实践内容】

（1）4 人为一组，每人一把绫绢团扇，在老师的指导下进行绷布。

（2）在小组讨论环节，以小组为单位，设想一个主题，根据小组的主题对绫绢团扇进行设计，例如可在团扇上作画、写字、贴花等。

（3）以小组为单位进行产品上新演讲，讲解产品的设计理念、内涵、元素、目标客户群体及销售方案。

【实践考核】

对劳动素养、劳动过程、劳动结果三个指标进行考核，综合评价=小组互评（50%）+教师评价（50%），具体如表6-1所示。

表6-1　劳动实践考核评分表

评分指标		分值/分	小组互评	教师评价
劳动素养（30%）	小组分工合理	10		
	态度积极活跃，氛围和谐融洽	10		
	具有正确的劳动态度	10		
劳动过程（20%）	作品具有较高的完成度	10		
	劳动过程顺利、高效	10		
劳动结果（50%）	产品具有创新性，独特新颖	10		
	产品主题明确、造型优美，能满足审美要求	20		
	讲解过程完整、条理清晰，能体现产品的商业价值，讲解时有表现力、互动性强	20		
总分		100		
综合评价	小组互评（50%）+教师评价（50%）=			

扫码自测

项目七　生产性劳动实践

- 项目七　生产性劳动实践
  - 任务一　红色文化劳动——中华老字号老恒和酿造技艺
    - 老恒和的发展历程
    - 老恒和酿造技艺
    - 老恒和品牌动荡与复兴
  - 任务二　绿色环保劳动——桑蚕生产技艺
    - 湖州丝绸发展历史
    - 湖州传统桑蚕养殖技艺
    - 基于传统桑蚕生产的绿色发展实践
  - 任务三　蓝色工匠劳动——湖笔制作技艺
    - 湖笔的非遗价值与文化渊源
    - 湖笔制作工艺与工序
    - 湖笔的新时代传承与发展

项目导读

生产性劳动实践是与实际生产过程紧密相关的劳动活动，它不仅关注生产目标的实现，还注重培养学生的实践能力和职业素养。这些活动通常涉及所在专业领域的实际操作，如参与产品生产、技术研发、企业管理等，可以帮助学生掌握必要的职业技能，提高学生解决实际问题的能力。

本项目选取了三个具有代表性的生产性劳动实践案例，旨在帮助大学生更好融入生产实践活动，这三个案例分别是红色文化劳动——中华老字号老恒和酿造技艺；绿色环保劳动——桑蚕生产技艺；蓝色工匠劳动——湖笔制作技艺。通过这三个典型的生产性劳动实践案例，能够激发学生的爱国情怀，培养学生的工匠精神，帮助学生树立绿色低碳发展的环保意识。通过学习本项目，能够提升学生的实践经验，增强其创新意识、团队合作精神以及社会责任感，为其未来就业和为社会做贡献奠定坚实的基础。

三 任务一　红色文化劳动——中华老字号老恒和酿造技艺

◆ 学习目标

知识目标	(1)了解传统企业老恒和的历史背景和品牌文化 (2)掌握老恒和酿造技艺的基本流程及工艺特点
能力目标	(1)能够通过实际案例总结传统产业的现状与发展趋势 (2)能够探索通过传承与创新提升品牌活力
素质目标	(1)通过了解中华老字号的历史与文化,培养对传统劳动技艺的尊重与热爱 (2)激发爱国情怀与社会责任感

★ 劳动寄语

推动中国制造向中国创造转变、中国速度向中国质量转变、中国产品向中国品牌转变。

——2014年,习近平总书记在河南考察中铁工程装备集团时提出“三个转变”

★ 劳动启思

料酒是中国特有的用于烹饪调味的酒,主要成分是黄酒,酒精浓度较低,含量在15%以下。在烹制中国传统菜时,料酒应用广泛,一般用于去腥、增鲜。

思考:(1)你知道哪些料酒品牌?

(2)除了料酒之外,你还知道哪些烹饪调味料?

★ 劳动讲堂

一、老恒和的发展历程

1. 老恒和的历史

老恒和的前身——老元大酱园，创立于清咸丰年间，距今已有160多年的历史。创始人钱蓉江在江南湖州北门前坛街开厂经营，同时创立了“恒以持之，和信为本”的祖训。1930年，随着企业迁址，老元大正式更名为“老恒和”（见图7-1），意在传承百年品牌的精髓，象征长久（“恒”）的品质和普及天下（“和”）的志向。历经多年风雨洗礼，如今的老恒和酿造有限公司已成为酿造料酒、酱油、米醋等多种类调味料的中华老字号品牌，承载着厚重的历史文化底蕴，并以用料纯、技艺精而享誉国内外。

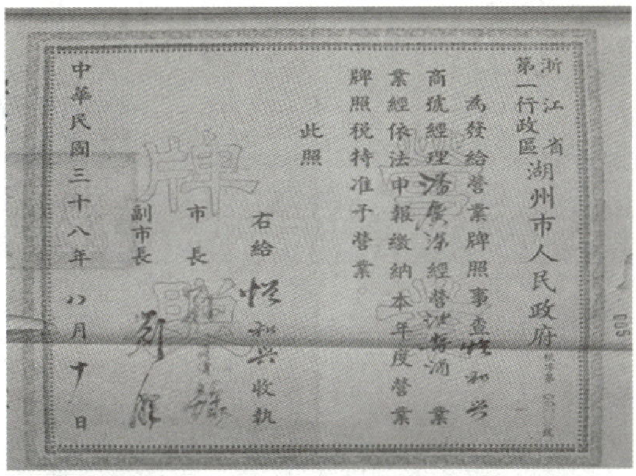

图7-1　老恒和酱园营业执照

2. 湖州酒文化

湖州在历史上被称为“菰城”，作为中国酿酒发源地之一，其酒文化源远流长。秦朝时，湖州的乌巾和程林擅长酿酒，独得秦始皇喜爱，故改“菰城”为“乌程”（历史上唯一一个以酒封侯的县）。“嬴政赐乌程始有贡酒行世”，乌程酒是所有贡酒的鼻祖，湖州也是第一个贡酒之乡。乌巾住在如今的湖州八里店，程林住在长兴箬溪，程林取箬溪水酿的“箬下春”酒（题名见图7-2），在唐朝被誉为御酒的“五春之首”。一直以来，湖州酒深受宫廷贵族和百姓的青睐，历史上不乏文人墨客在诗词中赞美湖州酒。白居易在《早饮湖州酒，寄崔使君》中写下的“一榼扶头酒，泓澄泻玉壶”讲的就是“箬下春”，之后他被调往九江时还对“箬下春”念念不忘，于是又写给湖州太守“劳将箬下忘忧物，寄与江城爱酒翁”，可见白居易对湖州酒的喜爱。

图7-2　老恒和“箬下春”

（资料来源：老恒和官网）

湖州酒口感丰富，主要得益于湖州得天独厚的地理位置。湖州拥有好山好水且靠近太湖，据说酿酒的酒曲中有一味草药就生长在太湖边。北宋时期，湖州“酒神”朱肱所写的《北山酒经》，被认为是在我国古代酿酒历史上，学术水平最高，最能完整体现黄酒酿造科技精华，在酿酒实践中最有指导价值的酿酒专著。

在宋代，酿酒业分为民营和官营，民间的酿酒药方是“白药方”，而官方的酿酒药方是“官药秘方”，老恒和有幸获得珍贵的“官药秘方”，由历代掌门口耳相授，代代相传，秘不外泄。1956年公私合营后，老恒和尝试用现代化生产取代老秘方，导致销量严重下滑，直至2005年后通过研究与挖掘传承古法酿酒才重新获得市场的认可。1989年，老恒和酿造的甲级黄酒获得国家商务部优质产品奖。

“红色”大讲堂

老恒和的爱国情怀

老恒和的历史充满了奋斗与坚守，在抗日战争时期，展现了深厚的爱国情怀。第二次世界大战时期，老恒和在上海迅速发展，是当时抗日武装的重要力量。1937年，日寇侵袭，湖州沦陷。根据厂里的老工人回忆，当时日军入侵湖州后严格控制湖州的民生产业，主要是酱园、米行、油行等。老元大酱园暗地里持续为游走在湖州周边的抗日游击队和浙东新四军输送酱菜等物资。日军发现后，企图占有老恒和的酱油秘方，将大酱园洗劫一空，并用一把火将这家百年企业烧毁。50多位老工人用生命奋力抵抗，付出了巨大牺牲，最终守住了秘方。老恒和原董事长陈卫忠曾激动地讲述自己“三拒”日企收购，坚决护住企业不被外资侵占。老恒和承载着爱国精神和民族精神，见证了国家的振兴与富强。

如今的老恒和，不仅保留了传统酿酒技艺，还大力推动酿造文化的创新与传承。2010年，老恒和经商务部认定为中华老字号品牌；2012年，老恒和商标被评为“浙江省著名商标”；2013年，老恒和被农业部（现农业农村部）认定为国家重点龙头企业。老恒和是湖州酒文化的象征，书写了中国传统手工艺在现代社会中的自救与焕新历程。2014年，老恒和酿造在中国香港成功上市；2022年，老恒和酿造在香港联交所成功复牌，谷物酿造料酒、高端料酒连续三年全国销量第一。老恒和这个传统酿酒品牌正在时代的风口扬帆起航，背负着历史的沉淀与新的机遇稳步前行。

（资料来源：老恒和官网）

二、老恒和酿造技艺

1. 酿酒

老恒和黄酒承袭《北山酒经》所载的酿酒工艺，独家保留了由几十种中草药合成的宋代官药秘方，形成了独具特色的酿造技艺。经过160多年的不断探索与实践，老恒和黄酒酿造工艺逐渐完善，涵盖官药配方、天然生曲、淋饭、老五甑、多喂饭等独特环节。尽管生产规模不断扩大，但老恒和仍坚守传统工艺，采用大缸拍板和人工操作，并通过结合现代科技设备提高生产效率。

老恒和黄酒（见图7-3）为何能够传承百年、盛名不衰？《考工记》曾指出，好酒的品质依赖于天时、地气、材美、工巧四个因素的完美结合。湖州四季分明、气候适宜，伏天制作酒药，秋天制曲，冬季酿酒，这便是“天时”；湖州河道纵横，土地肥沃湿润，富含多种矿物质和微生物，有助于酒曲发酵，此为“地气”；湖州得天独厚的水土和优质的“金钗糯米”（今称“太湖糯米”）为制酒原材料提供了保障，称为“材美”；老恒和酿酒需要经历过筛浸米、蒸饭发酵、榨酒陈酿等十几道繁复工序，成就了“工巧”。

图7-3　老恒和黄酒

（资料来源：老恒和官网）

老恒和黄酒品质卓越，口感上融合了甜、酸、苦、辛、鲜、涩六味，具有醇香、绵柔、清冽等口感特征，因此赢得了广泛的市场认可。

2. 酿制酱油

老恒和酱油拥有超过百年的酿造历史，独特的酿造工艺使其在行业中享有盛誉，尤其以“霜降酱”而闻名。根据《老恒和制酱要律》，霜降酱的酿造严格遵循原料和季节要求，原料只能选用关大豆，酿造只在三伏时节进行（见图7-4），入伏当天浸豆，伏末放水结束，历时三伏的头伏酱被视为一年之中的极品。

图7-4　三伏晒酱

在酱油酿造工艺中，原料的选择非常关键。在浸豆前需精心挑选，只留下干燥无虫蛀的大豆，经清洗和浸泡后，才能进入传统的酿造流程。黄豉的培养一般需要7天，需达到色泽微黄、菌丝浓密的程度。在晒制过程中，应充分利用日夜温差，以确保充分发酵。

“太油”是老恒和旗下的高品质酱油产品，具有质地浓稠、色泽自然的特点，且含有丰富的氨基酸。太油酱油以非转基因优质大豆为原料，严格遵循古法酿造，以上年头伏的酱油作为基础，放入当年头伏的豉中，经过三个多月的日晒夜露，再取二套酱油倒入三套黄豉中，如此循环四次，通常需要三年精心酿造才能出品。与传统酱油采用高温加热杀菌不同，老恒和采用低温巴氏杀菌，保留了酱油中的营养成分，如赖氨酸、色氨酸等人体必需的氨基酸，不仅味道鲜美，而且对健康有益。

3. 酿制玫瑰米醋

老恒和玫瑰米醋以优质大米为原料，其色泽艳如玫瑰，醋香柔和绵长，味道鲜而微甜，是食醋中的上乘佳品。老恒和玫瑰米醋坚守传统工艺，以自然发酵为基础，通过精确调节温度，利用空气中的红曲霉菌和醋酸菌获得鲜艳色泽和独特风味。

酿制玫瑰米醋的工艺要求极高，需要酿造人具备卓越的判断力和丰富的经验。玫瑰米醋的最佳制作投料期只有一年之中的黄梅季节，而生产周期长达六个月，投放到市场上的“老恒和玫瑰米醋”都有五年以上的陈酿期。纯手工自然发酵虽然成本高、产量低，但确保了产品的稳定质量。多年来，老恒和玫瑰米醋以其卓越的品质，赢得了市场的高度认可，产品远销全国各地，老恒和也因此成为我国最大的米醋生产企业之一。

4. 制作玫瑰腐乳

腐乳，又称豆腐乳，是我国特有的发酵豆制品，它具有细腻的质地、醇香的味道，同时富含维生素B族、植物蛋白质、氨基酸以及钙、磷等矿物质，长期食用有助于开胃促消化。

湖州旧时较为有名的制腐乳坊是同顺腐乳坊，以生产红腐乳闻名，后与乾昌酱园并入老恒和。关于玫瑰腐乳，民间流传着这样一个故事。最初的同顺腐乳坊只是一家普通作坊，直到有一天，一些玫瑰花瓣偶然掉落到腐乳缸里，经发酵后意外产生了独特的风味。后来，这一独特风味被老恒和不断优化，最终成就了如今的玫瑰腐乳（见图7-5），广受好评。

图 7–5 老恒和玫瑰腐乳

老恒和玫瑰腐乳选用非转基因生态大豆作为原料，坚持传统工艺，历经磨浆、过滤、定型、压干、霉化等工序制作而成，每道工序都严格把控，确保每一块腐乳质量精细、风味纯正。老恒和腐乳有酱方、青方、醉方、糟方和玫瑰腐乳五种，因加入的酒类不同（红曲、甜酒酿、黄酒等），风味亦不同，尤其是玫瑰腐乳，以其独特的香气和口感深受消费者喜爱。

三、老恒和品牌动荡与复兴

1. 品牌动荡：市场压力与财务挑战

老恒和酿造经历了百年辉煌，近年来面临严峻的市场挑战。2019 年以后，公司连续几年未能实现净利润增长，其产品如酱油和米醋虽取得一定收入增长，但受电商冲击，整体盈利能力不足，市场份额逐渐被竞争对手蚕食。在发展稳健的料酒市场中，老恒和虽占有一定市场份额，但增长放缓，导致股价表现疲软。财务数据显示，2024 年上半年，公司营业收入达到 1.44 亿元，相较 2023 年同比增长了 12.9%，但仍未能摆脱亏损困境，归属于母公司的净亏损达到 2.48 亿元。公司的高负债率和行业排名靠后的市盈率揭示了这个百年老品牌在新时代面临的巨大市场压力。

2. 产业变迁：竞争激烈与产品调整

随着市场环境的变化，消费者的需求日趋多样化，传统调味品行业的竞争愈加激烈。老恒和面临的不仅是来自行业内头部品牌的竞争压力，还有消费趋势的快速转变。在料酒行业，除了龙头同康集团、恒顺醋业挤占了大部分市场份额外，海天味业、李锦记等也纷纷入局，使得老恒和面临的品牌竞争更为严峻。为了应对市场竞争、把握机遇，老恒和实施多元布局战略，除了推出新产品外，还对现有产品结构进行了调整，大力推广酱油、米醋、腐乳等品类，降低表现不佳的产品的市场份额，才得以在动荡的市场环境中保留一部分增长点。

3. 品牌复兴：转型与创新

尽管面临诸多挑战，老恒和仍在努力进行转型并寻求复兴（见图7-6）。公司积极推进降本增效，优化产品结构，加强品牌营销。为了提升品牌影响力，老恒和将发展重心放在新零售模式的拓展上，构建融合传统商业和新兴零售平台的多元销售网络，依托电商平台和社交媒体拓宽销售渠道。同时，公司还依托综艺节目《十二道锋味》、电视剧《远大前程》进行品牌形象重塑，进一步增强市场渗透力，提升品牌知名度和影响力。

在研发层面，老恒和在传承传统酿造技艺的同时，积极进行产品设备流程升级。老恒和研究院获批省级重点企业研究院，致力于科技创新，将传统技术与现代化高新技术有机结合。随着客户需求的增长和销售渠道的下沉，老恒和加大了新产品的研发力度，探索构建以料酒为主力的多样化调味品组合产业链，以适应未来业务拓展需求。未来，老恒和将继续提升产品品质，进一步宣传“纯手工”“零添加”等“传统+健康”品牌特色，强化“中华老字号”品牌定位和市场认知，积极借助网络与新媒体，通过挖掘百年酿造历史与工艺优势应对市场冲击，寻求新的生机。

图7-6　2022年老恒和品牌战略升级发布会

（资料来源：欧塞斯）

三 任务二　绿色环保劳动——桑蚕生产技艺

◆ 学习目标

知识目标	(1)了解桑蚕生产的历史与发展 (2)理解桑基鱼塘的独特之处以及养蚕相关的习俗
能力目标	(1)能够提炼桑蚕产业的环保和可持续发展理念 (2)能够通过案例分析与实际体验,培养在绿色生产中解决问题的能力
素质目标	(1)树立绿色低碳发展理念,了解传统产业与现代环保技术的结合,认识保护生态环境的重要性 (2)增强对地方文化和传统工艺的认同,培养社会责任感和文化传承意识

★ 劳动寄语

绿色发展是高质量发展的底色,新质生产力本身就是绿色生产力。

——习近平总书记在二十届中央政治局第十一次集体学习时的讲话

★ 劳动启思

白马化蚕的传说

传说很久以前,在一个村庄中有一户人家,家里只有父亲和女儿相依为命,父亲养了一匹聪慧的白马,白马通晓人性,日日陪伴在女儿身边。有一天,父亲突然被远方的部落掳走,悲伤的女儿在心中向白马许下承诺:“马儿啊,如果你能把我父亲带回家,我愿意以身相许。”白马似乎读懂了她的心声,挣脱缰绳,飞速奔向远方。几天后,白马驮着父亲回到了家里。

父亲得知女儿的誓言后,心中充满了矛盾与痛苦。他感恩白马救出自己,却无法接受女儿嫁给一匹马，于是他趁女儿不注意，暗中射杀了白马，将它的皮剥下，挂在庭院的桑树上。

女儿得知白马被杀后痛苦不已，泪水滴落在马皮上。忽然，一阵神秘的风吹过，马皮飘落，紧紧包裹住她。她的身体开始发生变化，最终化为一只蚕，而马皮变成了蚕茧。女儿变成了蚕神，教会人们养蚕取丝，织出美丽的丝绸。为了纪念她，村民们尊她为“蚕花娘娘”，并于每年春天举行祭祀仪式，祈求丰收。

思考：关于桑蚕的由来，你还知道哪些故事？

★ 劳动讲堂

一、湖州丝绸发展历史

湖州市位于中国东南部，太湖之滨，得天独厚的自然环境为蚕桑业的发展提供了便利条件。温暖湿润的气候，肥沃的土壤，丰富充足的水源，尤其是太湖为蚕丝生产提供了极好的水质保障。这里的桑树生长茂盛，桑叶充足，为蚕蛾生长提供了理想的食物来源。这些自然条件奠定了湖州在丝绸生产领域的巨大优势。

湖州的丝绸产业起源可以追溯至公元前3000多年的新石器时代，钱山漾遗址出土的丝织物（见图7-7）证实了湖州是中国乃至世界的蚕桑丝绸发源地。随着历史的发展，湖州的丝绸产业不断发展壮大，在各个历史时期取得了显著的成就。

图7-7　钱山漾遗址出土的丝绸残片

在两晋与南朝时期，湖州成为江南地区的主要丝绸生产地。唐宋时期，湖州丝绸产业发展进入鼎盛时期，技术与市场逐渐成熟，丝绸制品通过发达的水路与陆路畅销全国。到了明中叶，湖州丝绸产业迎来了最繁荣的时期，湖州也成为丝绸贸易的重要中心。随着宋室南渡，江南商业快速发展，湖州与苏州、杭州等地一起成为江南地区丝绸生产的核心。到明清时期，湖州凭借领先的养蚕和缫丝技术进一步稳固了“丝绸之府”的定位，不仅为国内提供了大量的生丝，还成为丝绸出口的重镇，故有“湖丝遍天下”的说法。

湖州丝绸产业的繁荣离不开政府的积极扶持与政策支持。明代政府设立了专门机构“丝绸务”来监督、管理和规范丝绸生产，保障了丝绸制品的质量并促进了市场的规范化。在税收方面，明代政府实行轻徭薄赋的政策，减轻税收负担，鼓励民间和手工业者参与蚕桑养殖和丝绸织造。同时，对丝绸制品的销售和贸易实施较低的关税，有效促进了丝绸的出口贸易。

湖州政府重视人才培养和技术创新。明代政府设立专业培训机构，旨在培养专门人才，还通过各种政策支持丝绸业者学习新技术，有力地促进了湖州丝绸业的发展。此外，政府积极开拓国际市场，推动湖州丝绸的出口，湖州逐渐成为丝绸贸易的重要枢纽，其丝绸制品在国际市场上广受青睐。

湖州拥有便利的水道，促使双林、南浔、菱湖等镇纷纷发展出各具特色的丝绸生产与交易场所，其中南浔的“辑里湖丝”更是在2011年成功入选国家非遗名录。随着湖州丝绸业的发展，湖州丝绸市场成为各地商贾云集的中心，吸引了大量的丝绸商人和手工业者前来经商和生产，推动了湖州商业的进一步繁荣（见图7-8）。丝绸生产成为湖州的支柱产业之一，也深深影响了当地的文化与民俗。在湖州，丝绸不仅是生产物资，还是文化创作的源泉。许多文人雅士在湖州丝绸的滋养下，创作了大量以丝绸为题材的诗文和艺术作品，促使湖州的丝绸文化成为江南文化的重要组成部分。

图7-8　旧时双林水路运蚕

（资料来源：1973年王友生摄）

今天，湖州依然保留着丰富的丝绸文化遗产，并在全球丝绸产业中占有一席之地。

二、湖州传统桑蚕养殖技艺

湖州传统桑蚕养殖技艺历史悠久，至今已经历几千年的传承。特别是南浔、德清等地，依托得天独厚的自然条件和丰富的蚕桑资源，在不断的实践与经验积累中形成了一套独特、完整的养蚕技艺和蚕事习俗，并传承到现代。

图 7-9 《天工开物》蚕浴图

1. 优质蚕种与养殖技术

湖州传统桑蚕养殖的关键在于选育优质蚕种和采用科学的养殖方法。早在明代，湖州养蚕人就开创了杂交培育蚕种的先河，《天工开物》中记载了该项技术，“早雄配晚雌者，幻出嘉种”，即利用雄性早蚕与雌性晚蚕培育出的后代能够继承双亲的优点，活力好、质量高，能够大大提高出茧量和蚕丝的质量。

此外，湖州的蚕农还通过“浴种”技术（见图 7-9），即通过对蚕种进行洗涤来去除病虫害，从而提升蚕种的成活率。明代的蚕农总结出四种常用的蚕种浴法，包括盐水浴、灰水浴、霜雪浴和清水浴，每种方法都有具体的用水量要求，同时遵循时节和严格的流程。

2. 桑树种植与管理

湖州的桑树（简称湖桑）种植技术为传统的桑蚕养殖打下了良好的基础。“蚕，桑之本也。育蚕必先治桑。”湖桑叶厚而大，津多而甘甜，以湖桑饲养的蚕不仅个头大而且吐丝多。此外，湖桑植株矮小，枝条比较脆，非常适合人工采摘。在宋代和明代，杭嘉湖地区已经利用压条、嫁接等技术引进湖桑，促使湖桑在当地普遍种植。

案例探讨

徐献忠《吴兴掌故集》载：“蚕桑之利莫甚于湖，大约良地一亩得叶八十个，每二十斤为一个。”

问：当时湖州一亩良田的桑蚕产量是多少？

答案

宋元时期，湖桑是以高干桑为主，农户采摘蚕叶时通常需要借助长梯（见图 7-10）。经过长期栽种，农户积累了丰富的经验，通过控制树形，使桑树尽可能多地吸收阳光、水分和养料，从而培育出枝叶层层而上的“拳桑”，逐渐成为明代常见的“湖桑”。湖桑种植不仅注重品种的选择，还特别注重桑园的管理。通过合理的桑园布局和科学的栽培方法，湖桑更加适应桑蚕养殖，实现了高效生产。

图7-10　《蚕织图（局部）》吴注本

3. 养蚕过程

养蚕过程包括产卵、掸种、背蚕种包、收蚁、过眠关、消毒、开焐、上山、采茧子9个步骤。

（1）产卵。蚕农将蚕茧置于匾内，等待出蛾子，雌雄蛾子完成交配后，再把雌蛾放在蚕纸上。通常，雌蛾会在黄昏时产卵。

（2）掸种。蚕农用鹅毛掸轻轻收集蚕卵，之后将其包裹在纸里，放入干燥且安全的器皿中储存。

（3）背蚕种包。第二年清明节时，蚕农将“蚕种包”用红棉绸包好，背到山上走一遍，寓意蚕能健康生长。回来后，将蚕种包保存在适宜的温度下，等待蚕种孵化。

（4）收蚁（见图7-11）。到了下一年的三月底，蚕农将蚕种包放在胸口，用人体温度来保暖。大约25天后，将蚕卵带入36℃的恒温蚕房，将其放在铺有“桃花纸”的匾上，这一步骤称为“收蚁”。

图7-11　收蚁

（资料来源：新华社）

（5）过眠关。孵化出来的蚕宝宝开始吃小块的嫩桑叶，约三天后进入“头眠期”。蚕在此时进入休眠状态，等蜕皮后再进食。此后，它们将依次进入“二眠期”“扯火期”“大眠期”和“老蚕期”。这些阶段是蚕宝宝成长中的脆弱时刻，在饲养过程中需格外小心。

（6）消毒。在每个眠关，用棉布包着漂白粉、石灰撒在蚕具甚至蚕身上，目的是消毒防病。

（7）开煬。进入“老蚕期”后，将蚕从匾里移至地下。蚕农可以把整个桑叶条铺在地面上，让蚕宝宝自由地食用。需要注意的是，应防止蚂蚁咬蚕，同时保持屋内昏暗无光，如图7-12所示。

（8）上山。约一周后，蚕农将用稻草捆成的“柴龙”放在蚕宝宝上方，蚕宝宝会爬上“柴龙”并开始吐丝做茧。

（9）采茧子。蚕宝宝完成“上山”五至六天后，蚕农就可以开始收取蚕茧，如图7-13所示。从小蚕孵出到结茧需要一个月左右的时间。

图7-12　开煬

图7-13　成茧

（资料来源：湖州味道）

三、基于传统桑蚕生产的绿色发展实践

1. 桑基鱼塘生态系统

湖州的桑基鱼塘系统（见图7-14）位于南浔区西部，起源于春秋战国时期，依托地区独特的地理和自然条件，逐渐发展为独具特色的生态农业模式。截至2024年，该地保存了6万亩桑地和15万亩鱼塘，是中国最大、最完整的传统桑基鱼塘系统。每年4月，纵横交错的鱼塘、郁郁葱葱的桑树和绿意盎然的田野小径交织成美丽的画面，吸引着大量游客前来观赏。

图 7-14　南浔桑基鱼塘俯瞰图

（资料来源：人民图片）

当地居民通过挖掘低洼地带形成鱼塘，并在塘基上种植桑树，桑树可为桑蚕提供食物来源，而桑蚕排出的蚕沙可以喂鱼，每年冬季鱼塘清淤时清出的鱼粪和淤泥又能为桑树提供养分，从而形成“桑叶养蚕、蚕沙养鱼、鱼粪肥塘、塘泥壅桑”的绿色循环农业模式。该农业模式有着强大的持续性和稳定性，得到了国内外的广泛认可，被联合国教科文组织评价为“世间少有美景，良性循环典范”。2017 年，湖州桑基鱼塘被联合国粮农组织认定为全球重要农业文化遗产，彰显了湖州在生态文明建设方面的出色表现。

近年来，湖州市积极将桑基鱼塘与旅游业相结合，推动了“农+文+旅+生态”的融合发展。例如，和孚镇荻港村的桑基鱼塘一年吸引了超过 80 万人次的游客，带动了旅游业的发展和土特产的销售，促进了附近乡村的经济增长。此外，桑基鱼塘也积极参与生物多样性保护，荣获“浙江省生物多样性体验地”的称号，2022 年入选《生物多样性公约》缔约方大会第十五次会议（COP15）国家展主展区素材，标志着湖州在生态保护方面迈出了新步伐。

湖州的桑基鱼塘系统不仅是传统农业文化的瑰宝，也是现代生态循环农业的重要范例，真正实现了和谐共生、乡村振兴、绿色发展。

2. “两山理念”下的湖州绿色低碳发展足迹

2005 年 8 月 15 日，时任浙江省委书记习近平同志在湖州市安吉县余村考察时，首次提出了“绿水青山就是金山银山”的科学论断。此后，湖州作为“两山理念”（见图 7-15）的发源地，国内唯一绿色制造试点示范城市，始终坚持绿色低碳发展理念，聚焦经济、生态和社会的协调发展。湖州的绿色低碳实践贯穿于农业发展、乡村振兴、工业转型等多个领域，逐步打造出独具特色的绿色发展模式。

图 7-15　湖州市安吉县余村村口刻着“两山理念”的石碑

（资料来源：浙江在线）

1）绿色农业与乡村振兴

近二十年来，湖州一直积极推动低碳农业和绿色乡村发展。安吉县余村是典型的示范区，建造了全国首个全生命周期零碳排放建筑“余村印象”（见图 7-16），应用光伏发电等技术，推动绿色产业转型。余村不仅提出了“零碳”乡村构想，开展全民碳教育，还通过绿色金融和低碳经济模式，吸引大量年轻人和投资项目，带动了村民收入的显著提升，实现从“卖石头”到“卖风景”的转变，推动了乡村振兴与绿色低碳融合发展。2023 年，余村集体经济总收入达 2247 万元，村民人均收入达到 7.1 万元，较 2005 年大幅提升。除余村外，安吉白茶生态有机园通过茶园绿色防控技术在提升茶叶品质的同时，也保护了当地生态；潞村利用农房改造创新“研学+旅游”，利用文化赋能乡村振兴，取得了突出成绩；莫干山坚持生态保护与经济发展并行的理念，打造“生态+”民宿旅游业和生态度假区……湖州走出了一条独具特色的“点绿成金”之路。

图 7-16　“余村印象”青年图书馆

2)工业绿色转型

湖州在工业领域加快了绿色转型步伐。作为全省唯一“碳效码”试点城市，湖州通过创新的“碳效码”体系，推动企业实现碳排放水平的精准管理与监控，工业碳效评价体系已推广至全省，可帮助企业提高能源利用效率，降低碳排放。

通过绿色金融和转型金融的结合，湖州为企业提供资金支持。湖州作为全国首批绿色金融改革创新试验区，创新推出“碳效贷”产品，将企业碳排放强度与贷款利率挂钩，引导企业主动减排。例如，湖州银行与当地环保部门合作，建立企业碳效等级评价体系，对评级为A级(低碳)的企业提供最低3.85%的优惠利率贷款，而高碳企业则需支付更高利率。同时，针对绿色产业园区建设需求，湖州银行推出“绿色园区贷”，让中小型企业集中入园，为园区企业提供一站式金融服务，有力地推动了传统高碳行业如纺织、化纤等的绿色改造，助力企业转型升级。

如今，工业碳效评价体系已推广至全省，可帮助企业提高能源利用效率，降低碳排放。近年来，湖州以打造“绿色智造”城市为目标，迭新八大新兴产业链，构建“8+8”现代化产业体系，在发展传统产业的同时，逐步向新能源、智能产业转型，在进一步巩固高质量制造业发展的同时，努力创建数字化和新型工业化示范区，如图7-17、图7-18所示。

图7-17 南浔区浙江丽象木业有限公司第四次生产性改造

图 7-18　国家级绿色工厂——湖州久立特材料科技股份有限公司

3)绿色交通与清洁能源

湖州积极推进绿色交通建设,加快新能源车辆的普及与推广,降低碳排放水平。近年来,全市大力推动新能源出租车和公交车的更新升级,共新增2034辆纯电动出租车、59辆新能源公交车及201辆新能源教练车,使新能源出租车比例达到97.62%,位居全省第一。同时,淘汰432辆国四老旧营运柴油货车,有效减少尾气污染。

为构建全链条绿色运输体系,湖州建立了新能源汽车全生态保障体系,并成功入选2024年全国首批绿色低碳交通强国建设专项试点。此外,湖州积极推进新能源汽车下乡行动,新建20个城乡新能源汽车维保服务网点,提升新能源车辆的配套服务能力,助力"无废城市"创建。

(资料来源:湖州交通运输)

湖州在推动绿色交通的同时,也在大力发展清洁能源,为城市低碳转型提供有力支撑。2023年,全市新增储能装机容量23.8万千瓦,完成年度目标的125%,显著提升了能源利用效率。其中,菱湖50MW/100mWh电网侧储能示范项目建成投运,年充放电量达6180万千瓦时,可满足近2万户居民一年的生活用电需求。这一储能电站相当于超大号"充电宝",通过谷时蓄电、峰时放电,平衡电网负荷,不仅能提高电网的安全性和稳定性,每年还能消纳清洁能源1亿千瓦时,减少碳排放5万吨。

为加快能源绿色低碳转型，湖州制定了《湖州市能源领域设备更新专项行动方案》等文件，严格落实能耗“双控”，保持GDP能耗下降位于全省前列。同时，湖州加快布局重点能源工程，如安吉梅溪9H燃机、天子湖115MW光伏电站等，推动光伏、储能、充电等清洁能源项目落地。未来，湖州将持续加快可再生能源项目建设，助力绿色低碳发展迈上新台阶。

（资料来源：湖州市人民政府-文字头条）

“绿色”大讲堂

安吉的竹林碳汇

什么是碳汇？碳汇（carbon sink）是指通过自然或人工方式吸收并储存大气中的二氧化碳，从而降低温室气体浓度的过程、活动或机制。碳汇可以分为自然碳汇和人工碳汇。自然碳汇是指森林、草地、湿地、土壤和海洋等生态系统，通过光合作用等自然过程吸收二氧化碳。人工碳汇是指通过植树造林、碳捕获、利用与封存（carbon capture，utilization and storage，CCUS）等技术手段，主动减少大气中的二氧化碳。碳汇在应对气候变化中扮演重要角色。

安吉县作为“绿水青山就是金山银山”理念的发源地，近年来实施竹林碳汇改革，取得显著成效。2021年，安吉县上线全国首个县级竹林碳汇收储交易平台，建立了“林地流转—碳汇收储—平台交易—收益反哺”的全链条管理体系，实现了竹林碳汇的可交易和可变现。截至2024年，安吉完成碳汇交易4.63万吨，交易金额173.15亿元，24家企业参与购买。农民通过“两入股三收益”机制，年均增收6751元，村集体年均增收65万元。同时，金融机构支持竹林碳汇发展，贷款超40亿元。安吉县修复退化竹林22万亩，每亩竹林年均碳汇量达0.39吨，贡献了2.1万吨碳汇，助力实现杭州亚运会碳中和目标。

安吉县的竹林碳汇改革推动了竹产业的“二次振兴”，成功地将生态资源转化为经济价值，为全国碳汇交易和碳中和工作的开展提供了可复制经验，为全球应对气候变化贡献了思路与经验。

三 任务三 蓝色工匠劳动——湖笔制作技艺

◆ 学习目标

知识目标	(1)了解湖笔的历史背景 (2)了解湖笔制作的工艺流程 (3)了解湖笔的文化传承价值
能力目标	(1)培养对传统工艺的欣赏能力,培养动手实践能力和对非遗技艺的审美鉴赏力 (2)能够识别湖笔的不同种类与不同工艺
素质目标	(1)弘扬中华优秀传统文化,增强文化自信与社会责任感 (2)激发对非遗传承的关注与热爱 (3)培养对工匠精神的尊重

★ 劳动寄语

文物和文化遗产承载着中华民族的基因和血脉,是不可再生、不可替代的中华优秀文明资源。要积极推进文物保护利用和文化遗产保护传承,挖掘文物和文化遗产的多重价值,传播更多承载中华文化、中国精神的价值符号和文化产品。

——2022年5月27日,习近平总书记在十九届中央政治局第三十九次集体学习时的讲话

★ 劳动启思

湖笔故事知多少

乾隆皇帝曾用“苕雪溪山吴苑画”赞美湖州风光。若你有意寻访会发现,在国内外各大博物馆的中国书画藏品中,湖州印记清晰可见。“清远吴兴”这一

主题频繁出现在书画作品中，其艺术成就堪称国内之最，创造了泊在绢纸上的“湖州”。

思考：(1)你知道哪些和湖州相关的文人、诗词、书画？

(2)为什么湖州在历史文坛上有如此重要的地位？

★ 劳动讲堂

一、湖笔的非遗价值与文化渊源

1. 湖笔的地位

笔、墨、纸、砚并称“文房四宝”，是中国传统书写文化的核心载体。元代以后，湖笔渐兴，成为毛笔中的代表。湖笔制作技艺凝聚着华夏文明的智慧与匠心，湖笔被誉为“笔中之冠”，是劳动实践与中华文明融合的典范。一支湖笔需要历经一百多道制作工艺，唐代诗人白居易曾以“千万毛中拣一毫”和“毫虽轻，功甚重”来形容湖笔制作技艺的复杂与精巧。在明成化《湖州府志》中，有“湖州之笔冠于天下”的描述。在现代，湖笔已经远远超出书写工具的定义，它代表着对细节的极致追求和匠心智慧，是江南文人精神的物化象征。2006年，湖笔制作技艺入选国家非物质文化遗产名录，作为第一批国家级非物质文化遗产，彰显了湖笔的重要历史地位和传承意义。

2. 湖笔的历史发展

湖笔的发源地为浙江省湖州市善琏镇，历经秦汉发轫、唐宋兴盛、明清鼎盛，已有2000余年历史。湖笔促进了当地书写文化的发展，故有“一部书画史，半部在湖州“的说法。

据《初学记》《古今注》《湖州府志》等典籍记载，湖笔的诞生与秦朝名将蒙恬密切相关。公元前223年，蒙恬率军驻守吴兴(今湖州市善琏镇)，在修筑长城时，他发现传统竹梃笔书写滞涩，遂就地取材改良制笔工艺，以苦竹为杆，以兔毛、羊毛为笔锋。为增强笔锋弹性，蒙恬还创新性地采用石灰水浸渍脱脂工艺，使毫毛柔韧吸墨。蒙恬夫妇晚年隐居善琏，将制笔技艺传授给乡民。为了纪念蒙恬，当地人把蒙恬奉为“笔祖”，奉其夫人为“笔娘娘”，将绕村而过的小溪命名为“蒙溪”，还建立了“蒙公祠”世代供奉，每年农历三月十六举办的“蒙恬会”延续至今，如图7-19所示。

图7-19　善琏“蒙恬会

（资料来源：澎湃新闻）

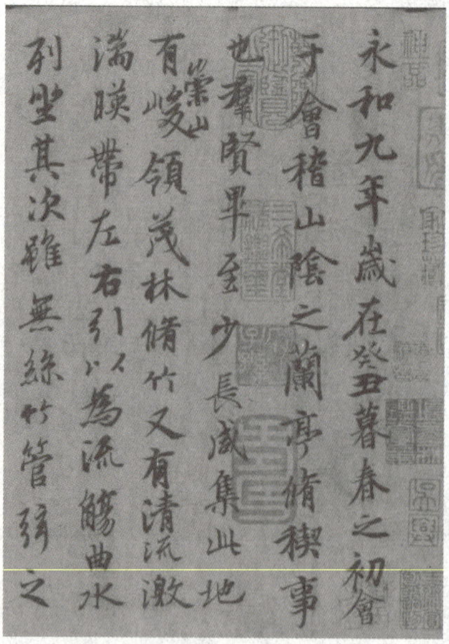

图7-20　王羲之《兰亭集序》片段

东晋永和年间，书圣王羲之任吴兴太守期间，提出“凡夫书贵乎沉静，令意在笔前”，之后他的儿子王献之也在湖州任职，父子二人一起研究改良湖笔的制作。王羲之亲赴善琏监制“鼠须笔”，主张“三分柔毫配七分健毫”，将好毛放在笔尖，将较差的毛置于笔根，将硬毛用作笔尖，将软毛用作笔肚，首创笔头分层衬垫工艺，使提按转折更富表现力。传说王羲之的千古名作《兰亭集序》（见图7-20）正是其用改良后的湖笔书写的，笔锋“导之则泉注，顿之则山安”，自此湖笔与书法艺术形成共生共荣的文明奇观。

隋唐之际，王羲之七世孙智永禅师驻锡湖州蒙恬祠边的永欣寺三十载，一边苦练书法一边研究制笔。他曾经写秃五石竹管湖笔，还将舍不得扔的废笔埋在蒙恬祠堂南面的晓园，赐名“退笔冢”。他以禅学智慧改良笔锋形态，将传统的“枣核形”笔头改为“兰蕊形”笔头，使中锋运笔更显圆润饱满。智永的《真草千字文》皆用特制湖笔书写，日本遣唐使携归的摹本至今藏于京都皇室正仓院，成为中日笔墨交流的千年见证，如图7-21所示。

除此之外，颜真卿、杜牧、苏东坡、赵孟頫（见图7-22）等一代大家相继在湖州居住过，他们都对湖笔“情有独钟”。

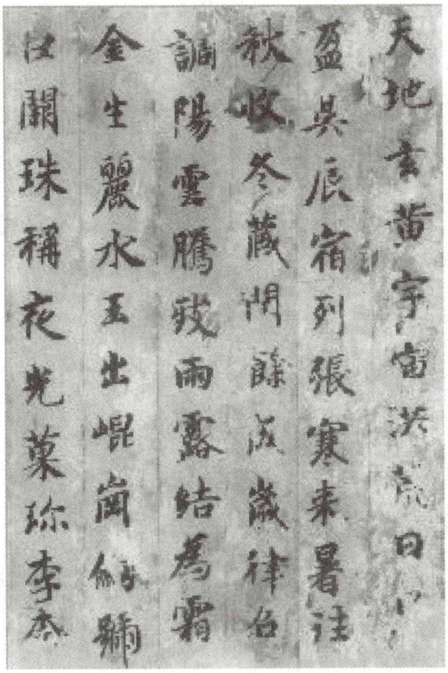

图 7-21　智永《真草千字文》碑帖片段

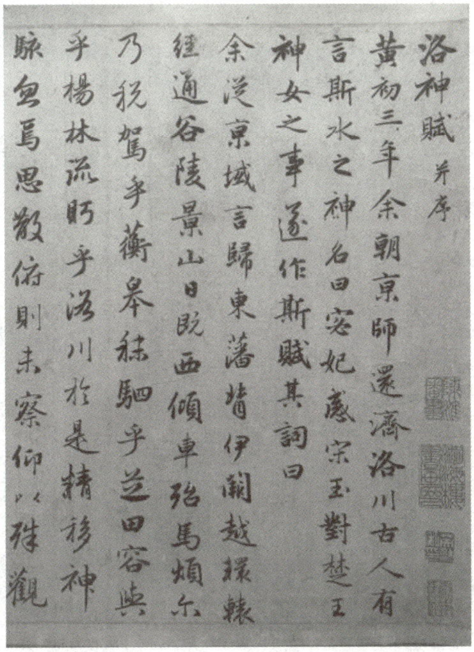

图 7-22　赵孟頫《洛神赋》片段

进入明清时代，湖笔的声誉达到巅峰。湖州出现了“走笔包”的销售形式，湖笔买卖客商在河岸边一边喝茶一边谈论书画和买卖（见图 7-23）。当时的制笔师有着很高的社会地位，被称为“先生”。不少善琏笔工走出家门开设笔庄，近在湖州城区，远至北京、天津、上海、苏州。明成化年间，善琏笔工施阿牛精研“水盆工”技艺，所制之笔为贡笔，明孝宗朱祐樘试笔后惊叹：“非文房之用，实文心所寄。”他看到笔杆上刻着一行字“笔匠施阿牛”，心中觉得粗鄙，便亲赐“施文用”之名，开工匠获御赐殊荣之先河。清代康、雍、乾三朝，湖笔作为“国礼”频繁现身外交场合。康熙将“天禄琳琅”湖笔赐予罗马教廷使节，乾隆更以特制“紫毫玉管笔”题写《四库全书》序言。据清宫档案记载，仅乾隆六十年间，内务府采办湖笔逾十万支，养心殿三希堂常年存笔三千余支，足见其在宫廷文化中的核心地位。

图 7-23　仇英《清明上河图》局部

"蓝色"大讲堂

蒙恬造笔的传说

据传，湖笔的诞生与秦朝名将蒙恬有关。蒙恬受秦始皇之令驻守吴兴，翌日，他碰见有位姑娘不慎落入河中，立即将其救起。这位姑娘是村中漆匠的女儿，名叫卜香莲，为报答救命之恩，她经常帮蒙恬清洗衣物。一次，蒙恬去取衣时，看见一撮拖尾呈痕的山兔毛血迹，心生一计：何不用山兔毛尾制作毛笔？于是两人用一根丝线把兔毛绑在树枝上，蘸着锅灰在白帛上写字，但是兔毛上有油脂，难以落墨。试了几次后蒙恬作罢，随手把笔扔进窗外的石灰坑里。几天后，香莲发现了并将其捡起来清洗干净。他们发现兔毛变柔顺了许多，蒙恬试着用兔毛蘸墨书写，竟然十分顺畅，原来石灰可对兔毛进行脱脂处理。之后两人反复实践，终于研究总结出一套完整的制作流程和工艺，传承于后世。

二、湖笔制作工艺与工序

1. 工艺特征

湖笔（见图7–24），又称"湖颖"，与其他毛笔相比，湖笔最大的特点就是"颖"。颖是指笔头尖端透明且坚硬的部位，业内称为"黑子"，锋颖的长短和透明度直接影响书写效果。蘸墨之后，湖笔笔锋呈尖形，但将笔毛平铺后，可见其整齐而无参差。一支湖笔上每一根有锋颖的毛都是从成千上万根羊毛中挑选而来的。一头健壮的山羊大约可产4两笔料，而这4两笔料中带锋颖的顶多有1两6钱，故而长锋羊毫湖笔的年产量往往不足百支。湖笔具有"四德"，即尖（锋颖锐利）、齐（毫毛平整）、圆（笔头饱满）、健（弹性强韧）。用湖笔书写时，收放自如、蓄墨均匀，能做到提笔即收锋、重压不散毫。

图7–24　湖笔

（资料来源：搜狗百科）

湖笔种类繁多，按用途可分为书写绘画、工业和特用三类；按性能可分为软毫、硬毫、兼毫三类；按笔料可分为羊毫笔、紫毫笔、狼毫笔、兼毫笔四类。另外，还可按笔形制大小、笔头毛峰大小、笔头造型等分类，如小楷笔、椽笔等，分类之繁细之全面，堪比绣花，足以彰显"一器千面"的东方笔学智慧。

湖笔在制作工艺上以“精、纯、美”为准则，贯穿制笔全程。

(1)精于工。从“浸毛脱脂”至“刻字成笔”，全程依赖匠人经验。如“水盆工”需在水中梳理毫毛数万次，以指尖感知毫丝粗细，仅合格毛料可进入“结头”环节。

(2)纯于料。恪守“千万毛中拣一毫”的原则，选料严格，羊毫主要取杭嘉湖地区山羊的腋下毛，紫毫取野兔背脊上的紫黑毛，狼毫取东北雄性黄鼠狼尾尖三节毛，笔杆则一般选用天目山北麓灵峰山下的鸡毛竹。

(3)美于器。笔杆经防裂抛光后，篆刻名家题字；笔头与笔杆遵循“七分毫、三分杆”的黄金律，实现视觉与功能的和谐统一。

2. 制作工序

湖笔为纯手工制作，制作工序十分复杂。一支湖笔从原料进厂到成品出厂，一般需要经过择料、水盆、结头、蒲墩、装套、镶嵌、择笔、刻字等12道大工序，每道大工序又分为许多小工序，共计120余道。其中以择料、水盆、结头、择笔最为重要和讲究。每道工序都由专门的技工负责，用料讲究精细，工艺繁复严谨，故有“毛颖之技甲天下”之说。

(1)择料。湖笔制作始于毫料的极致筛选。首先，对毛料进行拔取、清洗、浸泡、梳理。其次，对毛料进行分拣定级，按毛色、长度、弹性将毛料分为十余个种类。一般山羊毛和山兔毛均取冬季毛料(油脂少、锋颖长、磨损少)。用镊子逐根挑出毛尖透亮、粗细均匀的“黑子”，每万根毛中选200~300根合格品。最后，对毛料进行脱脂处理，晾晒后毫毛自然蜷曲成“兰花形”。

(2)水盆(见图7-25)。此为湖笔制作工序中最为精细、复杂、关键的步骤，决定了笔头的“四德”。在水盆车间，笔工一手握角梳，一手拿毛料，在水盆中反复梳洗毛料，按毛色、锋颖、软硬等标准进行挑选并分类。经过这一道工序后，毛料被组合成刀片状的刀头毛，再将其放入水中进一步缕析，这是为了让笔头锋颖更整齐，以便将不合格的毛料，如断头、无锋、弯曲或扁平的毛料剔除。整个工序需要高度的耐心，为保持动物毛形态，需全程在冷水中完成。

(3)结头。此道工序也称“扎毫”，是湖笔制作中的关键步骤。先将水盆工序中处理好的半成品晒干(见图7-26)，再用丝线捆扎根部，然后用松香加热黏结(见图7-27)。此道工序至关重要，正如《笔史》所言：“缚笔要紧，一毛出，即不堪用。”强调了结头工艺的精准性。

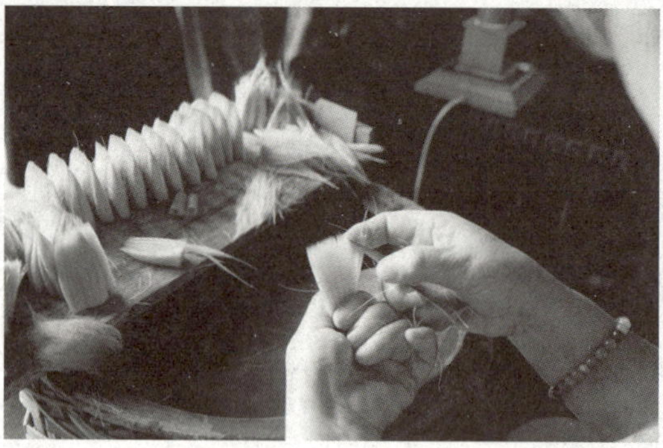

(a)

(b)

图7-25　水盆

（资料来源：搜狐新闻）

图7-26　晒毫

（资料来源：新华网）

图7-27　结头

（资料来源：中国摄影网）

（4）择笔（见图7-28）。择笔又称“修笔”，主要是对已装配的笔头进行最后的修整，剔除断毛、杂毛及没有锋颖的毛。择笔工序与水盆工序类似，但更侧重对笔头形状和锋颖的塑造。在该道工序中，笔工在自然光下，手持修理工具，细心挑选出不合格的毛，并修整笔头，打磨光滑。整道工序通常需要持续数小时，要求笔工细致耐心、精确操作。

图7-28　择笔

（资料来源：湖州市南浔区善琏镇纪委谈林雅摄）

湖笔的每一道制作工序都不能用机器完成，因此湖笔的质量在很大程度上取决于笔工的技术水平。业内历来十分重视培养笔工技术和选拔优秀人才，尤其是对学徒学艺以及从业都有严格的标准和行规。学艺需要拜师，行拜师礼、签“关协”，学徒需要经过“三年从事，四年半作”，不得提前脱离师傅，学艺完成并得到师傅的认可称为“满师”，之后才能从业制笔，而要想制作高档毛笔，还需要在业内获得“能工”的认定。行规是保证湖笔制作技艺传承、湖笔品质稳定的有效措施。

三、湖笔的新时代传承与发展

1. 湖笔的传承困境

随着生活节奏的加快和书写工具的简化，湖笔的销量持续下降，行业占有率仅有二三成，企业数量也快速减少。和许多传统工艺一样，湖笔面临的困境主要源于市场萎缩、竞争加剧和人才断层。随着数字书写的普及，尤其是电子设备的普遍使用，高端书画市场逐渐萎缩。在毛笔市场中，百元以下的廉价笔占据较大市场份额，传统手工湖笔的市场需求逐年下降。

随着工业化的推进，机械化制笔进一步压缩了手工湖笔的生存空间。这些尼龙笔、马毛笔每日可生产上万支，成本低廉，制作效率和利润都远高于手工湖笔，而且适合初学者上手，因此快速占据低端市场。湖笔制作是一项技术性极强的手工艺，一名成熟的笔工需要6~10年的精研与积累，培养成本和时间成本极高，然而工作辛苦却收入微薄。再加上年轻一代对传统工艺的兴趣减少，导致制笔技艺的传承面临严重困境。在善琏镇的青年中，从事制笔行业者不足百人，人才断层严重，后继乏人。

2. 湖笔新时代发展的突围之道

为了应对湖笔在传承与发展中面临的重重困境，湖州从制度更新、文旅赋能和数字转型等方面着手，深入挖掘地方特色，高效整合资源，把握文旅融合赋能乡村文化振兴的新机遇，不仅有效保护和宣传了湖笔制作技艺，还在产业跃迁中找到了新的定位。

1）体制破局：构建非遗保护创新生态

为了深化非遗保护体制改革，2023年，湖州颁布了《湖州市湖笔保护和发展条例》，确立“传承人津贴+知识产权保护”机制，联动《湖州市南浔区湖笔保护和发展专项规划》，将湖笔纳入新时代文明实践体系，首次从法律层面为湖笔保护和发展提供助力。

与此同时，南浔区组建了一个由2000人组成的制笔团队，形成“1名国家级传承人+8名国家级大师+5名省级大师”的梯队，建立“非遗工坊+高校订单班”双轨培养模式。为了推动地区产业协同发展，还打造了湖笔公共服务中心，整合200余家笔企资源，提供资金、技术和人才扶持。

2）文旅赋能：打造沉浸式文化消费场景

在文旅融合的大背景下，南浔区通过文、产、旅结合的模式，将善链湖笔小镇（见图7-29）打造成享誉全国的“非遗主题小镇”和“中国湖笔之都”，小镇内设立非遗馆、湖笔体验馆、书法研学基地等10个场馆，引入周文清现代艺术研究院等30个文旅项目，形成“一馆一主题”的乡村博物馆群落。不仅如此，相关部门还精心开发舞蹈、歌曲，举办书画交流展、湖笔文化节、创意集市等活动，以丰富湖笔的文化表现形式。其中，“漫步蒙溪”非遗嘉年华吸引游客80万，带动衍生消费200万元。善链湖笔厂更是将湖笔文化融入研学体验和劳动课程。据悉，截至2025年，善琏湖笔厂已经开发50余门研学课程，学生可以亲自体验择笔、水盆等工序。同时，笔厂还承办了各类中小学劳动教育、高校暑期实践及艺术培训活动，进一步构建教育生态体系，推动湖笔的普及与发展。

图7-29　善链湖笔小镇

（资料来源：文旅湖州）

3）产业跃迁：从文房工具到国潮符号

善链笔商在专业团队和机构的指导下，创立了“双羊”“双喜”等本土品牌，通过美院、书画机构的推介，进一步扩大品牌影响力。在创建品牌的同时，湖笔产业立足产品革新，通过文化创新与技术融合，实现了从实用性书写工具向工艺品和礼品的华丽转型。例如，永和风笔斋的十二生肖湖笔套装以圆明园十二兽首铜像为灵感设计而成（见图7-30），获“浙派好礼”金奖；王一品斋笔庄的“跬步千里”获评浙江省工艺美术博览会金奖；除此之外，还有胎发笔、抄经专用笔等460多项专利产品。湖笔产业在传统工艺中融入中国传统文化和现代生活理念，通过品牌联名和跨界合作吸引了更多年轻群体的关注。推动湖笔销量增长的另一个途径是渠道裂变，各笔庄纷纷打通了淘宝、天猫、京东等电商销售渠道，并在抖音等直播平台开设直播间，探索带货零售新形式。据悉，目前湖笔电商从业人员近千人，电商渠道销售额占湖笔销售总额的50%。2023年，湖笔及相关产业产值近10亿元，高档毛笔市占率超60%。

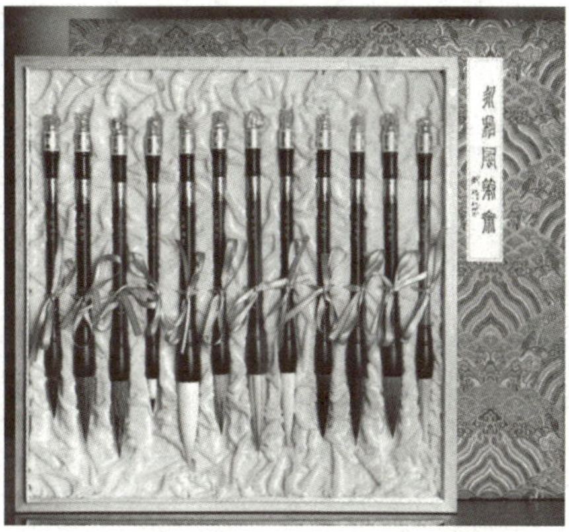

图7-30　十二生肖湖笔套装

（资料来源：浙江文化）

★ 劳动拓展

养蚕的禁忌与习俗

在养蚕过程中，为了祈求蚕种健康、蚕茧丰收，蚕户中形成了既有科学性又有祈求性的养蚕禁忌与习俗。

禁忌：不能捧着饭碗进蚕室吃饭；忌讳说“死”“僵”“光”等字及其谐音字，因此将第四次休眠改为“大眠”，将“天亮了”改为“天开眼了”（因德清方言中“亮”与“僵”发音相同）；养蚕期间如果有人在蚕房外叫，房内人不可应答，外人也不能随意进蚕房，一旦进入，主人要把饭菜等倒在门外，并在门外焚烧草经，即“送庚饭”，寓意送走“晦气”。

习俗：养蚕时要注意防鼠害，因此蚕户会在窗户上贴一些剪纸“蚕猫”（见图7-31）；因白马化蚕的传说，蚕神被称为“马头娘”或者“蚕花娘娘”，每年的十二月十二日蚕户会供奉蚕神；春节和清明前后通常举办“蚕花庙会”（见图7-32），流行“扎蚕花”（见图7-33）、“扫蚕花”等各种习俗。

图 7-31 “蚕猫”剪纸

图 7-32 德清“蚕花庙会”

图 7-33 含山“扎蚕花”

（资料来源：沈月华．湖州市非遗名录集成[M]．湖州：湖州市文化广电新闻出版局，2016.有删减改动）

★ 劳动实践

【实践项目】

设计符合“Z世代”喜好的湖笔营销方案

【实践目的】

（1）能够深入了解湖笔的文化内涵，激发对工匠精神的敬重之情。

（2）巩固生产性实践的相关知识。

（3）通过设计湖笔年轻化营销思路，培养对非物质文化遗产的传承精神。

【实践内容】

（1）4人为一组，分析“Z世代”的消费特征与倾向。

（2）小组讨论分工，选择品牌联名、设计创新、扩展产品分类等不同赛道，设计一份符合“Z世代”喜好的湖笔营销方案。

（3）以小组为单位，准备PPT并上台演讲（10分钟左右），演讲内容包含产品介绍、目标群体分析、定价分析、营销思路（宣传推广、销售渠道、代言人等）。

【实践考核】

对劳动素养、劳动过程、劳动结果三个指标进行考核，综合评分=小组互评（50%）+教师评价（50%），具体如表7-1所示。

表7-1 劳动实践考核评分表

评分指标		分值/分	小组互评	教师评价
劳动素养（30%）	小组分工合理	10		
	态度积极活跃，氛围和谐融洽	10		
	具有正确的劳动态度	10		
劳动过程（20%）	运用的调研方法多样	10		
	劳动过程顺利、高效	10		
劳动结果（50%）	PPT制作精美，方案设计完善，条理清晰	10		
	具有一定的创新性和可行性	20		
	演讲流利，表现力和互动性强，呈现方式多样	20		
总分		100		
综合评价	小组互评（50%）+教师评价（50%）=			

扫码自测

项目八　服务性劳动实践

- 项目八·服务性劳动实践
  - 任务一　红色铸魂劳动——为社区服务注爱
    - 社区志愿服务性劳动
    - 社区老人帮扶服务性劳动实践
    - 社区儿童守护服务性劳动实践
  - 任务二　绿色生态劳动——为社会公益助力
    - 社会公益志愿服务性劳动
    - 大型赛会志愿服务性劳动
    - 生态环境保护志愿服务性劳动
  - 任务三　蓝色工匠劳动——为乡村振兴献技
    - 乡村振兴志愿服务性劳动
    - “三下乡”社会实践
    - “春泥计划”社会实践

项目导读

服务性劳动实践是高职生劳动教育的重要内容，体现了志愿品质和奉献精神。服务性劳动实践可以分为社区志愿服务性劳动、社会公益志愿服务性劳动、乡村振兴志愿服务性劳动三种。本项目包括红色铸魂劳动——为“社区服务”注爱、绿色生态劳动——为“社会公益”助力、蓝色工匠劳动——为“乡村振兴”献技三部分。每部分都侧重劳动实践操作，旨在引导高职生积极参加各类劳动实践，在服务社会、服务他人的过程中实现自我价值，早日成为社会主义建设接班人。

三　任务一　红色铸魂劳动——为社区服务注爱

◆ 学习目标

知识目标	(1)了解社区志愿服务性劳动的内容 (2)熟知社区老人志愿服务性活动的实践内容 (3)熟知社区儿童志愿服务性劳动的实践内容
能力目标	(1)能够圆满组织并参加社区老人、儿童志愿服务性劳动实践 (2)根据社区特定需求,组织各类社区爱心服务活动
素质目标	(1)培养学生策划、合作、组织和动手实践能力 (2)传承尊老爱幼的中国文化传统,培养爱心和社会责任感

★ 劳动寄语

城市治理的很多工作要靠基层党组织这个战斗堡垒和社区这个平台去落实,要厘清城市社区职责事项,继续推动资源下沉、完善服务设施,强化网格化管理、信息化支撑,提高社区精细化治理、精准化服务水平。

——2024年4月22日至24日,习近平总书记在重庆考察时的讲话

★ 劳动启思

湖州职业技术学院社会发展与公共教育学院走进湖州市月河街道东湖家园社区开展重阳节养老健康知识普及活动

为弘扬中华民族孝亲敬老的传统美德,营造养老、孝老、敬老的良好社会氛围,湖州职业技术学院社会发展与公共教育学院“育心、育葵”青年志愿者团队于10月9日走进东湖家园社区,开展重阳节养老健康知识普及活动,如图8-1所示。本次活动与东湖家园社区联合举办,吸引了众多社区老年群体居民的热情参与。

图8-1 重阳节养老健康知识普及活动

来自学院“育心、育葵”团队的青年学生志愿者以“秋季养生，顺时享安康”为主题，深入浅出地讲解了老年人常见疾病的预防与护理、合理膳食与营养搭配、适量运动与心理健康等方面的知识，将枯燥的健康知识转化为易于理解的语言，让在场的每一位老人都受益匪浅。活动在一片愉悦祥和的氛围中圆满结束。“尊老爱幼是中华民族的传统美德，我们希望通过这样的活动，能够增强社区老人的健康意识，让每一位长者都能拥有一个健康、快乐的晚年。同时，我们也希望学校与社区能够继续加强合作，共同为应对老龄化社会贡献力量。”东湖家园社区幸福邻里中心的工作人员说道。

（资料来源：湖州职业技术学院）

思考：在社区老人服务活动中，除了养老健康还可以涉及哪些方面的内容？你参加过社区服务活动吗？

★ 劳动讲堂

一、社区志愿服务性劳动

随着城市化进程的加速，社区成为人们日常生活的重要单元。社区志愿服务能够满足居民的需求，改善社区环境，增强社区凝聚力，是一项不可或缺的社会实践，因此大学生应积极参与社区志愿服务性劳动。

1. 社区志愿服务性劳动的概念

社区志愿服务性劳动，是指志愿者进入社区，依托社区综合服务设施，开展面向个人和家庭的劳动就业、医疗健康、文体娱乐、法治宣传、科普宣传等服务项目。

2. 社区志愿服务性劳动的构成

社区志愿服务的主要对象是“社区老人”“社区儿童”“社区优抚对象”，因此社区志愿服务性劳动主要由以下三个方面构成。

(1)社区老人帮扶服务性劳动；

(2)社区儿童守护服务性劳动；

(3)社区优抚对象服务性劳动。

社区优抚对象服务性劳动主要针对现役军人、退伍军人、残疾军人以及烈军属，服务内容是对以上人员进行抚恤和优待，一般专业性要求比较高，而高职大学生仅能提供一些生活便利性服务和就业指导帮扶。因此，从实践可实施性的角度出发，本任务重点关注“一老一小”的服务性劳动实践。

“红色”大讲堂

湖州职业技术学院志愿者圆满完成2024湖州马拉松志愿服务工作

为了配合湖州马拉松志愿服务工作，湖州职业技术学院招募并选拔了591名学生志愿者和5名带队老师投入到马拉松前期准备和赛事当天的志愿服务工作中。他们朝气蓬勃的身影成为湖州马拉松的闪亮名片！

在11月13日至11月16日的赛事筹备阶段，志愿者就展现出高度的责任感和使命感。从物资整理到装、发参赛包，各个环节都留下了他们忙碌的身影。17日凌晨5点，志愿者身穿统一服装，乘坐大巴前往赛点，困意抵挡不住他们的热情。到达指定岗位后，他们各司其职，快速投入到志愿活动的准备过程中。志愿者主要负责赛道补给、计时、定点检查、收容等工作。大家严格遵守赛场纪律和志愿服务基本规范，有条不紊地开展志愿活动，为参加湖州马拉松的选手提供热情的服务，圆满完成任务。

志愿者用自己的实际行动诠释了“奉献、友爱、互助、进步”的志愿精神，展现了新时代青年的责任与担当，也为本次马拉松比赛增添了一抹亮丽的青春色彩。

(资料来源：湖州职业技术学院，2024年11月18日，有删减改动)

二、社区老人帮扶服务性劳动实践

1. 社区老人帮扶服务性劳动的内容

社区老人帮扶服务性劳动主要针对社区中的老人，在日常生活、医疗保健、精神文化三个方面提供服务性劳动。其中，在日常生活方面，主要提供衣食起居、物品采购、卫生清洁等服务；在医疗保健方面，主要依托专业医疗机构或医学护理专业，为老人提供家庭护理、疾病预防、日常体检及健康知识普及等服务，通常专业性较强；在精神文化方面，主要以“老有所学、老有所乐”为目标，举办适合老年人的文娱汇演、书法比赛、疾病预防与防诈骗讲座等。

2. 社区老人帮扶服务性劳动流程

1)“五个一”爱心帮扶劳动实践

(1)劳动预热。指导老师与当地某社区、小区积极沟通，确定“五个一”爱心帮扶劳动实践的内容、细节、方案可行性、物料准备、劳动实践时间和地点，并通知服务老人对象。

(2)劳动内容。“五个一”具体包括打扫一次卫生、梳洗一次头发、采购一次物品、赠送一件小礼物、表演一个节目。

(3)劳动准备。“五个一”爱心帮扶劳动实践方案如表8-1所示。

表8-1 “五个一”爱心帮扶劳动实践方案

项目准备	具体内容
劳动主题	开展“五个一”，爱洒夕阳红
劳动目的	发扬尊老爱老的优良传统，提升学生的动手实践能力和沟通表达能力，培养学生的爱心和责任心
服务对象	某社区孤寡老人
劳动时长	半天
劳动人员	劳动教育授课班级同学(36人)
劳动内容	打扫一次卫生、梳洗一次头发、采购一次物品、赠送一件小礼物、表演一个节目
物料准备	卫生工具10套，梳子18把，手工小礼物36份，志愿者服装36套
劳动要求	(1)注意安全，遵守劳动纪律，听从指导老师指挥； (2)发扬不怕脏、不怕苦的精神，有耐心、有爱心地为老人提供服务； (3)统一着装，注意文明言谈举止，体现大学生的品质与职业素养

(4)劳动实施。“五个一”爱心帮扶劳动实施步骤如表8-2所示。

表8-2　“五个一”爱心帮扶劳动实施步骤

实施步骤	具体内容
确定分组	全班划分为6个小组,每组6个人,以小组为单位开展实施“五个一”爱心帮扶劳动
建立沟通渠道	指导老师建微信群,在群里说明具体事宜和突发情况
活动培训	指导老师进行纪律强调、安全培训,带领学生统一乘坐公交车前往服务地点
活动实施	每个小组对应服务6位老人,为其打扫一次卫生、梳洗一次头发、采购一次物品、赠送一件小礼物、表演一个节目
活动记录	在服务过程中拍照、拍视频并剪辑
活动结束	在指定时间、指定地点集合,清点人数,统一返校

(5)劳动评价。

① 依据服务照片丰富度以及服务过程视频的完整流畅度,评价劳动质量。

② 指导老师与每个小组服务的老人进行面谈交流或电话回访,请老人评价服务效果。

2)破解老人智能手机之忧劳动实践

(1)劳动预热。本次劳动的目的主要是帮助社区老人解除智能手机的使用障碍,使其能熟练使用智能手机,了解智能技术,适应信息社会,与信息社会接轨,提升获得感和安全感。

(2)劳动内容。

① 开展智能手机使用知识讲座。讲解智能手机基础功能、软件安装和卸载流程、常见工具(如微信、支付宝、抖音、小红书、淘宝、拼多多)的使用方法;根据老人实际需求,讲解外卖订餐、预约挂号、网约车等的流程。

② 提供智能手机使用咨询答疑服务。在现场为老人提供一对一实操服务,现场答疑,引导老人正确使用手机,养成健康的使用习惯,同时为老人讲解识别电信诈骗的技巧。

(3)劳动准备。破解老人智能手机之忧劳动实践方案如表8-3所示。

表 8-3 破解老人智能手机之忧劳动实践方案

项目准备	具体内容
劳动主题	爱伴银龄,破解"数字"之忧
劳动目的	发挥学生在应用信息技术方面的优势,提升学生的动手实践和沟通交流能力,培养学生的爱心、孝心、责任心,提升学生的自信心和成就感
服务对象	某社区对活动感兴趣、有参与意愿的老人
劳动时长	半天
劳动人员	劳动教育授课班级同学(36人)
劳动内容	(1)智能手机使用知识讲座; (2)微信、支付宝、抖音等常用App使用方法现场答疑和操作指导
物料准备	培训讲座宣传海报、横幅、PPT、劳动志愿者服装36套
劳动要求	(1)遵守纪律,注意安全,听从指导老师安排与指挥; (2)按照各小组分工,配合协作,高质量完成小组任务; (3)有耐心、有爱心地为老人提供服务; (4)统一着装,注意文明言谈举止,体现大学生的品质与职业素养

(4)劳动实施。破解老人智能手机之忧劳动实施步骤如表8-4所示。

表 8-4 破解老人智能手机之忧劳动实施步骤

实施步骤	具体内容
确定分组	全班分为6组,每组6~7人,6组分别为前期宣传组(1组)、物料准备组(1组)、现场培训组(1组)、现场答疑实操组(3组),随机抽取每组任务
前期宣传	前期宣传组通过海报、横幅、微信公众号宣传此次活动,扩大活动影响力
物料准备	提前一周准备好PPT、电脑、翻页笔、宣传册等
布置场地	布置桌椅,悬挂横幅,调试电脑及其他设备等,确保课件和视频顺利播放
讲解答疑	用言简意赅、通俗易懂的语言为老人讲解智能手机的常用功能,以及微信、支付宝、滴滴出行、拼多多、抖音、小红书等常用App的使用方法
现场实操	现场答疑实操组耐心、细致地教会老人每一步操作流程
总结提升	(1)活动结束,拍摄现场照片和视频,在学院或学校微信公众号、社区街道进行广泛宣传; (2)各小组分享劳动实践心得,由指导老师进行点评和总结

三、社区儿童守护服务性劳动实践

1. 社区儿童服务性劳动实践的内容

社区儿童服务性劳动实践是向社区儿童提供的特定服务，服务内容包括为儿童提供心理疏导、学习辅导，依托幼儿园、托儿所、少儿活动中心等机构开展寒暑假少儿活动，帮助家长接孩子放学以及提供晚托服务等。

2. “三防三爱”守护儿童劳动实践

（1）劳动预热。指导老师与当地某社区、某小区积极沟通，确定“三防三爱”守护儿童劳动实践活动的内容、细节、方案可行性、物料准备、劳动实践时间和地点，并通知服务儿童。

（2）劳动内容。开展“三防三爱”守护儿童劳动实践，“三防三爱”具体包括防溺水、防性侵、防欺凌、爱阅读、爱手工、爱运动。

（3）劳动准备。“三防三爱”守护儿童劳动实践方案如表8-5所示。

表8-5　“三防三爱”守护儿童劳动实践方案

项目准备	具体内容
劳动主题	心手相牵，守护儿童
劳动目的	继承爱幼护幼的传统，提升实践操作能力、语言表达能力，培养学生有爱心、有耐心、有责任心的品质
服务对象	某社区对活动感兴趣的儿童
劳动时长	半天
劳动人员	劳动教育授课班级同学（36人）
劳动内容	分为防溺水、防性侵、防欺凌、爱阅读、爱手工、爱运动六个任务，每小组领取一个任务
物料准备	手工小礼物按需备足，志愿者服装36套
劳动要求	（1）注意安全，遵守劳动纪律，听从指导老师指挥； （2）各小组按照随机抽取的主题，充分准备活动内容； （3）统一着装，注意文明言谈举止，体现大学生的榜样精神

（4）劳动实施。“三防三爱”守护儿童劳动实施步骤如表8-6所示。

表8-6 “三防三爱”守护儿童劳动实施步骤

实施步骤	具体内容
确定分组	全班划分为6个小组，每组6个人，以小组为单位，开展“三防三爱”守护儿童劳动实践
领取任务	按照主题，每个小组以抽签的形式领取一个任务
活动培训	指导老师进行纪律强调、安全培训，统一乘坐公交车前往服务地点
活动准备	各小组根据抽到的任务进行准备，包括PPT、视频、现场互动
活动开展	指导老师确定活动顺序，各小组进行活动讲解，与现场人员积极互动
活动记录	各小组在活动过程中做好记录，拍照、拍视频
活动结束	在指定时间、指定地点集合，清点人数，统一返校

(5)劳动评价。

① 指导老师检查现场活动组织情况。

② 指导老师请现场儿童投票，对各小组组织的活动进行打分，也可通过电话回访的方式请儿童评价实施效果。

三　任务二　绿色生态劳动——为社会公益助力

◆ 学习目标

知识目标	(1)了解社会公益志愿服务性劳动实践内容 (2)熟知大型赛会志愿服务性劳动实践内容 (3)熟悉生态环境保护志愿服务性劳动实践内容
能力目标	(1)能够积极参加各类赛会志愿服务性劳动 (2)能够认真参加生态环境保护志愿服务性劳动
素质目标	(1)培养学生接待专业、服务周全、礼仪规范的劳动素养，促使学生践行绿色低碳理念 (2)培养学生绿色生态文明理念、精神文化文明理念与家国情怀

★ 劳动寄语

各级党委和政府要为志愿服务搭建更多平台，给予更多支持，推进志愿服务制度化常态化，凝聚广大人民群众共同为实现“两个一百年”奋斗目标、实现中华民族伟大复兴的中国梦贡献力量。

——2019年7月23日，习近平总书记致中国志愿服务联合会第二届会员代表大会的贺信

★ 劳动启思

垃圾分类进景区，生态环保青年说

2024年11月13日下午，吴兴区月河街道月河社区党委、团支部、幸福邻里中心联合湖州职业技术学院社会发展与公共教育学院开展“走‘净’山野、‘绿’

动青春”主题活动。本次活动旨在倡导绿色生态环保理念，推广健康文明的生活方式。

活动中，青年志愿者手持垃圾袋，沿着仁皇山登山步道拾级而上，沿途拾捡清理散落的糖纸、塑料瓶、食品包装袋等不可降解垃圾。同时，积极向路人宣传垃圾分类和“五水共治”知识，引导大家正确投放各类垃圾，增强大家的垃圾分类意识，践行对绿色可持续发展的坚定承诺。

“作为‘绿水青山就是金山银山’理念的诞生地，湖州坚定不移沿着这一科学理念指引的方向前行。将治水、治山、治林、治田、治湖有机结合起来，打造“一塘十山十漾”滨湖花园城市……”活动中，青年宣讲员讲述了湖州的生态环境保护成果以及城市生活垃圾如何实现二次循环利用，让大家切身感受到环保事业取得的新进展、新变化和新面貌。

（资料来源：南太湖号．浙青年·爱学习|垃圾分类进景区，生态环保青年说[EB/OL]．(2024-11-14)[2025-03-30]．有删减改动）

思考：对于绿色生态环境保护，大学生还可以从哪些方面着手？

★ 劳动讲堂

一、社会公益志愿服务性劳动

1. 社会公益志愿服务性劳动的内涵

公益志愿服务是社会文明进步的重要标志，是培育和践行社会主义核心价值观的有效载体。党的十八大以来，习近平总书记高度重视社会公益志愿服务工作，强调要大力弘扬奉献、友爱、互助、进步的志愿精神。

中共中央、国务院印发的《关于全面加强新时代大中小学劳动教育的意见》明确提出，支持学生深入城乡社区、福利院和公共场所等参加志愿服务，以更好推进劳动教育。

2. 社会公益志愿服务性劳动的构成

社会公益志愿服务性劳动由以下三部分构成。

（1）大型赛会志愿服务性劳动。

（2）生态环境保护志愿服务性劳动。

（3）应急救援志愿服务性劳动。

其中，应急救援志愿服务性劳动是指志愿者对突发、具有破坏力的紧急公共事件的预防、救援等提供的无偿性、非职业化的利他服务。动员志愿者参加各类抢险救灾，可以最大程度地减少损失。在救援过程中，志愿者应在各地相关部门的组织指导下，接受专业训练，遵循人人可为、事事可为、处处可为的志愿服务理念，开展紧急护送、心理援助、公共场所消毒等志愿服务。

鉴于应急救援服务具有一定的专业性和危险性，对志愿者要求较高，并不普遍适合大学生群体参与，本节主要介绍大型赛会志愿服务性劳动和生态环境保护志愿服务性劳动。

二、大型赛会志愿服务性劳动

1. 大型赛会志愿服务性劳动的内涵

大型赛会志愿服务性劳动是指根据各大型赛会的要求，由志愿者提供的赛事服务工作。这是彰显城市文明底色的重要途径。伴随我国国际地位的提升，我国承办的大型赛会越来越多，如G20杭州峰会、杭州亚运会、上海世博会、联合国世界地理信息大会等。志愿者服务是大型赛会顺利开展的重要保障之一。其中，高职生能够提供的志愿服务主要有礼宾服务、接待服务、就餐服务、竞赛信息传送服务等。

2. 大型赛会志愿服务性劳动实践

（1）劳动预热。校团委、学院学工办与大型赛会主办方认真沟通，确定志愿者数量、服务要求、服务时间、服务场地、服务内容。

（2）劳动内容。根据主办方要求，提供接待、礼仪、物资发放等服务性工作。

（3）劳动实施。大型赛会志愿服务性劳动实施步骤如表8-7所示。

表8-7　大型赛会志愿服务性劳动实施步骤

实施步骤	具体内容
沟通协商	与大型赛会主办方认真沟通，确定志愿者数量、服务时间、服务内容、服务地点与服务要求
志愿者招募筛选	在公众号及学院工作群发布志愿者招募广告，按照主办方要求筛选志愿者

（续表）

实施步骤	具体内容
志愿者培训	(1)介绍活动基本情况,帮助志愿者增加相关知识储备; (2)对礼仪、仪态进行培训; (3)如为国际赛会服务,应对志愿者进行外语口语培训; (4)对团队合作、交流沟通方面进行培训,培养志愿者的大局意识
明确职责范围	(1)根据主办方要求,明确具体承担的工作任务; (2)会务组、接待组、交通引导组各司其职、相互配合,做好工作
劳动要求	(1)注意安全,遵守劳动纪律,听从指导老师指挥; (2)统一着装,注意文明言谈举止,体现大学生的榜样精神

三、生态环境保护志愿服务性劳动

1. 生态环境保护志愿服务性劳动的内涵

生态环境保护志愿服务性劳动是高职生参与生态文明建设和生态环境保护的重要途径。无论是种草植树、垃圾分类,还是环保知识进社区、进景区宣传,都是在贯彻落实生态文明建设。

生态环境保护志愿服务性劳动包括倡导、参与和践行绿色低碳生活方式,开展降碳减污、污染防治、绿色发展和垃圾分类活动并进行科普和宣传;向全体公民倡导公共交通、自行车、步行等绿色出行方式;宣传空调、照明、采暖以及办公设备的节能节电知识。

2. 生态环境保护志愿服务性劳动实践

生态环境保护志愿服务性劳动可实践的内容有很多,涉及不同场所。

1)劳动实践内容

劳动实践内容包括垃圾分类、种树植树、卫生清洁、废物回收利用、绿色环保知识宣传、校园美化、绿色出行宣传等。

2)劳动实践场所

劳动实践场所包括校园、景区、社区、红色根据地、施工工地、森林、矿山等。

校园是学生学习与生活的场所，也是践行绿色低碳理念的先行、便利之地。以校园为例，进行绿色生态保护志愿服务性劳动实践，如表 8-8 所示。

表 8-8　"绿色校园"守护劳动实践方案

<table>
<tr><th>项目准备</th><th colspan="3">具体内容</th></tr>
<tr><td>劳动主题</td><td colspan="3">携手共进，守护"绿色校园"</td></tr>
<tr><td>劳动背景</td><td colspan="3">高职大学生作为新时代青年，肩负着生态文明建设的社会责任。绿色校园建设不仅能提升校园环境质量，还能培养学生的实践能力和环保意识。本次劳动实践活动旨在引导高职大学生将专业知识与实际行动相结合，积极投身校园环保建设</td></tr>
<tr><td>劳动目的</td><td colspan="3">(1)强化高职大学生的劳动观念和环保意识，培养其社会责任感；
(2)提升学生的专业实践能力，促使其将课堂所学知识运用到绿色校园建设中；
(3)改善校园生态环境，打造绿色、和谐、美丽的校园；
(4)增强学生团队协作能力，促进学生全面发展</td></tr>
<tr><td>劳动时长</td><td colspan="3">半天</td></tr>
<tr><td>劳动人员</td><td colspan="3">劳动教育每个自然班(以学院为单位)</td></tr>
<tr><td rowspan="2">劳动内容</td><td>校园清洁活动(A 班)</td><td>绿植养护活动(B 班)</td><td>环保宣传活动(C 班)</td></tr>
<tr><td>(1)划分小组区域，清扫校园道路、操场、教学楼周边、食堂周边等区域的垃圾，重点清理卫生死角；
(2)清洗校园公共设施，如垃圾桶、路灯、宣传栏等，确保设施干净整洁；
(3)每个小组安排专人拍摄清洁过程，记录校园环境变化</td><td>(1)邀请专业园艺师讲授浇水、施肥、修剪、病虫害防治等绿植养护知识并示范；
(2)为校园内的绿植浇水、施肥、修剪枝叶、检查与防治病虫害；
(3)为校园内的绿植制作专属"身份牌"，标注植物名称、特性、养护要点以及负责小组</td><td>(1)制作环保宣传海报、宣传单，内容涵盖环保法律法规、绿色生活方式、校园环保成果等；
(2)在校园人流量大的区域，如食堂门口、图书馆前、教学楼大厅等地设置宣传点，发放宣传单，讲解环保知识，开展环保知识问答活动，对答对者给予小礼品奖励；
(3)利用校园广播、公众号等平台，定期发布环保常识、环保活动进展和优秀环保事迹</td></tr>
</table>

（续表）

项目准备	具体内容
劳动要求	(1)活动前，对学生进行全面安全教育，强调劳动工具使用安全、环保项目操作安全等； (2)活动过程中，各小组组长密切关注学生身体和心理状况，如有不适应及时处理； (3)活动结束后，对劳动工具和剩余物资进行整理和保管，以便后续使用； (4)鼓励学生将绿色环保理念融入日常生活，持续为校园和社会环保事业贡献力量

“绿色”大讲堂

湖州德清：秸秆离田让“生态包袱”变“绿色财富”

离田后的秸秆都去了哪里？如何提高其利用价值？近年来，湖州市德清县各镇(街道)积极探索秸秆综合利用新模式，旨在让“生态包袱”真正变成“绿色财富”。

1. 废秆变原料，生态经济“两头甜”

为确保冬季农作物按时播种，德清县水稻秸秆打捆离田、清运收储和综合利用工作正在进行中。将秸秆运到厂房内，通过分切、热磨可制成木质纤维粉，销往嘉兴、金华等地，作为造纸的原材料。当地企业年产木质纤维粉近5万吨，可为村集体增收近100万元。

2. 废秆变纤维，生态修复新利器

在新市镇句城村一处稻田内，搂草机、打捆机来回穿梭，将分散的秸秆搂成圆柱体包裹状，随后将其运送至农作物秸秆收储中心。该中心通过粉碎、发酵、柔湿、压缩等工序，将水稻秸秆制成草纤维，销往全国各地。其中，一批草纤维被运至下渚湖街道和洛舍镇东衡村，用于废弃矿山修复。

3. 科技赋能，秸秆被“吃干榨净”

使用智能碳化一体机，通过“上料—裂解—冷却—出炭”过程，可在15分钟内完成对秸秆的再加工利用。该设备单台每天可以处理物料30~50吨，生产生物炭8~12吨，产品可用于土壤修复和改良、水体修复、保温材料制作等。值得一提的是，工艺排放物经过处理，可回收利用转化成热能或者用于发电，同时经过相关部门检测符合超低排放标准。

（资料来源：学习强国平台德清融媒号，作者王家浩，2025年1月9日，有删改）

三 任务三 蓝色工匠劳动——为乡村振兴献技

◆ 学习目标

知识目标	(1)了解乡村振兴志愿服务性劳动内容 (2)熟知乡村振兴志愿服务性劳动实践内容
能力目标	(1)积极参加“三下乡”暑期社会实践 (2)利用专业优势,参加“支农扶贫”劳动实践
素质目标	(1)培养学生积极参与团队协作、积极动手实践与善于交流表达的职业品质 (2)培养学生肯吃苦、不怕累、勇创新的美好精神

★ 劳动寄语

各级党委和政府要坚定不移贯彻落实党中央关于“三农”工作的决策部署,坚持农业农村优先发展,坚持城乡融合发展,把责任扛在肩上、抓在手上,结合实际创造性开展工作,有力有效推进乡村全面振兴,以加快农业农村现代化,更好推进中国式现代化建设。

——习近平总书记对“三农”工作作出的重要指示

★ 劳动启思

暑假即将来临,大二学生小柳在班级群里看到班长发了这样一条消息:“‘三下乡’暑期社会实践、‘春泥计划’正式报名。”她打开通知看到,学院要组织学生成立服务团队,到湖州某个村开展针对留守儿童、小学生的支教送教活动,面向全体村民的红色教育宣传活动,以及针对农民的专业技术培训活动……小柳很开心,很想到农村为小朋友服务,但是一想到农村很陌生,天气很热,条件异常艰苦，可能没有洗澡的地方，她又开始纠结起来。她对着打开的报名表，陷入了沉思……

思考：如果你是小柳，你是否会参加暑期社会实践？该实践能够给你带来什么？

★ 劳动讲堂

一、乡村振兴志愿服务性劳动

乡村振兴志愿服务性劳动主要包括支教、支医、支农和帮扶四个方面。

1. 支教

支教主要是指志愿者到乡镇、贫困县学校从事1~2年的教学与教育管理工作。通过支教，可以为乡村教育带来新的教育体系、教育理念，有助于提高乡村教育质量。支教的主要工作内容是完成基本的教育教学工作，用实际行动弘扬"奉献、友爱、互助、进步"的志愿服务精神。

2. 支医

支医主要是指志愿者到农村基层医院、卫生所从事1~2年的卫生医疗工作。通过支医，可以为农村医疗体系提供人才，有助于提高农村医疗服务水平。支医的主要工作内容是对儿童和60周岁以上老年人进行健康体检和健康宣传、对慢性病人进行健康管理、宣传与科普医疗基础常识、参与日常疾病治疗。

3. 支农

支农主要是指志愿者在农村贫困乡镇的企业、技术站从事1~2年的农业科技扶贫工作。通过支农，可以为乡村带来先进的生产技术和科学的生产指导，有助于乡村振兴。支农的主要工作内容是宣传科普农业知识、提供技术指导、组织宣传公益文化等。

4. 帮扶

帮扶主要包括志愿者智力帮扶、就业帮扶、产业帮扶和文化帮扶四个方面。

(1)智力帮扶是指通过开展实用技术、生产技能等培训,提高村民生产技能。

(2)就业帮扶是指通过企业、协会等与村庄结对合作,为村民提供就业岗位。

(3)产业扶贫是指发挥企业、技术、人才、管理、资本等要素的功能,整合乡村的土地、水源、林业、旅游等资源,调整产业结构,带动乡村发展。

(4)文化扶贫是指打造乡村歌舞、竞技汇演、艺术展览等活动,丰富村民的文化生活,振兴乡村文化。

"蓝色"大讲堂

梁煜:守护绿色的生态工匠

作为一名"林二代",他带领团队百余人守护50多万亩森林资源的安全。在大家眼里,他是森林防火的"打火匠"、抢险救灾的"急先锋"、无私奉献的"造林师"、森林经营的"美容师"、业务精湛的"巧工匠",他就是甘肃省白龙江插岗梁省级自然保护区管护中心茶岗(林场)保护站副站长梁煜。

(1)森林防火的"打火匠"。每次接到火情报告,梁煜与队员总是第一时间赶到,全力以赴战斗到最后一刻。在驰援扑救"3·02"迭部林区森林火灾中,他和32名消防队员在海拔3000米、平均坡度70度的山林地与火魔展开"搏斗",鏖战20个昼夜。

(2)抢险救灾的"急先锋"。哪里有险情、哪里最困难,哪里就有梁煜和消防队员的身影。梁煜先后参加抗震救灾、抗洪抢险、灾后重建等急难险重任务30余次。

(3)无私奉献的"造林师"。30年来,梁煜带领队员参加林区公益林建设等工作,完成各类造林任务3万多亩,植树300多万株,绿化了大片荒山。

(4)森林经营的"美容师"。梁煜与队员积极参加森林抚育增收节支活动,通过修枝、割灌等方式为林木"瘦身"。3年来,他累计完成森林抚育近2万亩,为单位创收240万元,林木抚育质量都在优良水平。

(5)业务精湛的"巧工匠"。梁煜聘请教官为消防队员重点开展队列、擒拿拳、5公里越野、负重登山、便携式水泵接力及使用、风水灭火机操作运用等训练，将每名森林消防队员训练成“铁脚板、山里通、活地图”。

梁煜将自己的青春汗水奉献给了甘肃省南部这片宝贵的绿色资源，忠实地履行“森林卫士”的神圣职责。“绿水青山就是金山银山”早已成为他心中坚定的信念。

（资料来源：学习强国平台中国绿色时报，2021年12月27日，有删改）

二、“三下乡”社会实践

1. “三下乡”的内涵

“三下乡”是指文化、科技、卫生三个方面的下乡活动，目的是促进农村在文化、科技、卫生方面的发展。大学生参加“三下乡”活动，可以将自己先进、科学的生活观念在广大农村传播，结合所学的专业技术知识，在农村开展多种形式的先进科技文化和生活观念宣讲活动。

2. “三下乡”实践内容

“三下乡”实践主要包括党史学习实践、理论宣讲实践、国情观察实践、乡村振兴实践、民族团结实践。下面主要介绍乡村振兴实践。

（1）劳动预热。指导老师与服务农村积极对接，确定劳动实践方案、所需物料、实践时间、实践地点、服务对象和服务内容。

（2）劳动内容。劳动内容包括农业科技下乡、文化教育下乡、医疗卫生下乡。

（3）劳动实施。“七彩暑假”劳动实践方案如表8-9所示。

表8-9 “七彩暑假”劳动实践方案

项目准备	具体内容
劳动主题	青春助力乡村振兴，实践点亮多彩暑期
劳动背景	深入贯彻落实乡村振兴战略，引导广大青年学生积极投身乡村建设，在实践中受教育、长才干、作贡献

（续表）

<table>
<tr><th>项目准备</th><th colspan="3">具体内容</th></tr>
<tr><td>劳动目的</td><td colspan="3">(1)知识传播：向村民普及农业科技、卫生健康、文化教育等知识，提升村民的综合素质；
(2)产业帮扶：结合乡村特色产业，提供技术支持和创意营销方案，助力产业发展；
(3)文化传承：挖掘和传承乡村优秀传统文化，丰富乡村文化生活；
(4)人才培养：让学生在实践中锻炼能力，增强社会责任感，培养服务乡村的意识</td></tr>
<tr><td>劳动时间</td><td colspan="3">××月××日—××月××日</td></tr>
<tr><td>劳动人员</td><td colspan="3">相关专业学生及指导老师</td></tr>
<tr><td rowspan="2">劳动内容</td><td>农业科技下乡</td><td>文化教育下乡</td><td>医疗卫生下乡</td></tr>
<tr><td>(1)举办农业技术讲座，邀请专家为村民讲解种植养殖新技术、病虫害防治方法等知识；
(2)深入田间地头，现场为农民提供技术指导，解决实际生产问题；
(3)建立农业科技服务站，为村民提供长期技术咨询服务</td><td>(1)开展暑期支教活动，为乡村儿童开设趣味课程，如绘画、音乐、体育等课程；
(2)举办文艺演出、电影放映、图书捐赠等文化活动，丰富村民的文化生活；
(3)挖掘和整理乡村传统文化，编写乡村文化故事集</td><td>(1)开展义诊活动，为村民免费进行体检、疾病诊断和治疗；
(2)举办健康知识讲座，普及常见疾病预防、卫生保健等知识；
(3)向村民发放常用药品和卫生用品</td></tr>
<tr><td>前期准备</td><td colspan="3">(1)调研考察：提前与当地村委会沟通，了解乡村的基本情况、产业特色、文化资源以及村民需求；
(2)团队组建：选拔有相关专业知识和实践经验的学生，组成农业科技、文化教育、医疗卫生等小组；
(3)物资准备：准备宣传资料、教学用具、医疗用品、农业技术书籍等物资；
(4)培训动员：对参与学生进行培训，培训内容包括乡村振兴政策解读、沟通技巧、安全知识等</td></tr>
</table>

（续表）

项目准备	具体内容
劳动要求	(1)安全保障:制定安全预案,确保参与人员的人身安全; (2)尊重当地习俗:在活动中尊重当地的风俗习惯和宗教信仰; (3)保持良好沟通:与当地村委会和村民保持密切沟通,及时解决活动中出现的问题,如有突发情况,及时联系指导老师; (4)注意文明言谈举止,体现大学生的榜样精神

三、“春泥计划”社会实践

1. “春泥计划”的内涵

“春泥计划”是浙江省省委省政府在浙江全省推广开展的一项计划,该计划以农村行政村(含撤村建居的社区)为单位,依托现有各类场所,集聚整合社会力量和资源,在中小学寒暑假、传统节日和双休日等校外时间,组织引导农村未成年人开展实践体验活动。

2. “春泥计划”实践内容

(1)劳动预热。指导老师与服务农村积极对接,确定“艺启童趣,共筑春泥和谐梦”劳动实践的整体方案、所需物料、实践时间、实践地点、服务对象。

(2)劳动内容。劳动内容包括传统文化传承、科普与安全教育、素质拓展三个方面。

(3)劳动实施。“艺启童趣,共筑春泥和谐梦”劳动实践方案如表8-10所示。

表8-10 “艺启童趣,共筑春泥和谐梦”劳动实践方案

项目准备	具体内容
劳动主题	艺启童趣,共筑春泥和谐梦
劳动背景	“春泥计划”作为浙江省关心关爱农村未成年人的重要举措,旨在充分利用农村各类资源,在寒暑假和课余时间为孩子们提供丰富多彩的活动,助力其健康成长,促进农村精神文明建设

（续表）

<table>
<tr><th>项目准备</th><th colspan="3">具体内容</th></tr>
<tr><td>劳动目的</td><td colspan="3">(1)丰富农村未成年人的课余生活，为其提供多元化学习与实践机会；
(2)培养未成年人的兴趣爱好，提升他们的综合素质，包括动手能力、创新思维能力、团队协作能力等；
(3)传承和弘扬优秀传统文化，增强未成年人对本土文化的认同感和自豪感；
(4)营造良好的农村文化氛围，促进农村社会和谐发展</td></tr>
<tr><td>劳动时间</td><td colspan="3">××月××日—××月××日</td></tr>
<tr><td>劳动人员</td><td colspan="3">相关专业学生及指导老师</td></tr>
<tr><td rowspan="2">劳动内容</td><td>传统文化传承</td><td>科普与安全教育</td><td>素质拓展</td></tr>
<tr><td>(1)邀请当地非遗代表性传承人开设手工制作课程，讲解剪纸、竹编等技艺，让孩子们了解传统技艺；
(2)组织传统节日主题活动，如中秋节做月饼、端午节包粽子，同时讲解节日背后的文化内涵</td><td>(1)开设科普小课堂，通过趣味实验，如“会跳舞的盐”“自制彩虹”等，激发孩子们对科学的兴趣；
(2)分别进行交通安全、消防安全知识讲座，增强孩子们的安全意识</td><td>(1)组织团队游戏，如接力比赛、拔河等，培养孩子们的团队协作能力；
(2)举办绘画、朗诵、歌唱等才艺展示活动，为孩子们提供展示自我的平台</td></tr>
<tr><td>前期准备</td><td colspan="3">(1)成立活动筹备小组，负责活动策划、场地布置、物资采购等工作；
(2)与当地学校、家长沟通，宣传活动内容，确定参与学生名单</td></tr>
<tr><td>劳动要求</td><td colspan="3">(1)活动前，对场地和器材进行安全检查，确保活动顺利进行；
(2)活动过程中，志愿者要密切关注学生的身体状况和行为表现，如有突发情况应及时处理；
(3)与家长保持密切沟通，及时反馈学生的活动情况，确保家长放心</td></tr>
</table>

★ 劳动拓展

老人陪聊师，未来或将成为热门职业

随着我国老龄化问题的日益突出，空巢老人数量直线上升，这些老人的子女不在身边，他们经常面临精神的空虚和内心的孤独，与人聊天甚至成为一种奢望。

在此背景下，全国各地各社区纷纷推出“为空巢老人送饭”“陪空巢老人聊天”等活动，让空巢老人感受到社区大家庭的温暖。

“家里好久没有这么热闹了”“我的儿女都在外地”“孩子们平时工作、生活特别忙，要送孙子上学”“我的儿子在国外，常年不回来”“为什么你来了时间过得这么快”“小李，不要忙着做饭了，来陪我聊聊天”……这些都是空巢老人与志愿者、兼职人员的聊天内容。

随着经济水平的提升，或许在未来，老人陪聊师会像现在的大学生家政一样，成为热门职业。

★ 劳动实践

【实践项目】

以“志愿生活性服务我能行”为主题的劳动项目

【实践目的】

(1)提高与人交流沟通的能力以及动手实践的能力。

(2)通过参加志愿性服务劳动，培养爱心、责任心，弘扬中华传统美德。

【实践内容】

(1)利用寒暑假，多陪自己的爷爷、奶奶聊天，同时到社区为老人提供“陪聊一次、清洁一次、梳洗一次”的志愿服务。

(2)利用寒暑假，到社区为儿童提供“作业辅导一次、手工制作一次、绘画一次”的志愿服务。

(3)积极参与校团委每年组织的大型赛会服务志愿活动，提供会务、礼仪、接待等服务，以开阔眼界，增长阅历。

(4)通过学院、班级组织的志愿活动或劳动课，在校园、社区、景区开展绿色低碳环保劳动，以培养绿色环保意识，践行绿色环保理念。

（5）积极参加校团委或者学院每年组织的暑期“三下乡”社会实践活动或“春泥计划”，以开阔眼界，增长阅历，服务乡村振兴。

【实践考核】

（1）以上实践内容五选三，按要求提交劳动过程照片和视频，并提交劳动总结和心得。

（2）教师点评与总结，综合评分=学生评价（40%）+教师评价（60%），具体如表8-11所示。

表8-11　劳动实践考核评分表

评分指标		分值/分	学生互评	教师评价
劳动素养（30%）	小组分工合理	10		
	态度积极活跃，氛围和谐融洽	10		
	具有正确的劳动态度	10		
劳动过程（20%）	劳动实践方案完备，准备充分	10		
	劳动实践过程顺利、高效	10		
劳动结果（50%）	服务对象满意，劳动能力提升	10		
	劳动过程记录清晰、完整	20		
	总结全面、条理清晰	20		
总分		100		
综合评价	学生评价（40%）+教师评价（60%）=			

扫码自测

参考文献

［1］王志花．智能制造背景下高职院校工科学生工匠精神培养——评《新工匠精神：人工智能挑战下如何成为稀缺人才》［J］．皮革科学与工程，2021，31（4）：95.

［2］范慧婷．我国高等职业教育工匠型技能人才培养研究［D］．厦门：厦门大学，2022.

［3］唐乃强．丝织工艺之花：双林绫绢［J］．浙江档案，2013（4）：44-45.

［4］叶德宝．光绪元年走出来的“老恒和”酱园——中华老字号浙江老恒和酿造有限公司发展侧记［J］．中国食品，2012（6）：52-54.

［5］胡维轩，马彦君．毛颖之技甲天下［J］．秘书工作，2024（9）：78-80.

［6］周英锐．王锁．劳动关系管理［M］．北京：清华大学出版社，2014.

［7］童丽，冯筱珩．劳动关系管理［M］．5版．大连：东北财经大学出版社，2022.

［8］全细珍，龙云兰．劳动关系管理法律实务［M］．2版．大连：东北财经大学出版社，2023.

［9］中国就业培训技术指导中心组织．企业人力资源管理师（三级）［M］．北京：中国劳动社会保障出版社，2020.

［10］中国就业培训技术指导中心组织．企业人力资源管理师（四级）［M］．北京：中国劳动社会保障出版社，2020.

［11］李珂，丁建安．大学生劳动教育（微课版）［M］．北京：社会科学文献出版社，2023.

［12］田道敏，李彩红．新时代劳动教育教程［M］．大连：大连理工大学出版社，2023.

［13］李叔宁，刘君义．大学生劳动教育教程［M］．长沙：湖南师范大学出版社，2021.

［14］郑芳，周雄，陈永清．新时代劳动教育教程［M］．大连：大连理工大学出版社，2021.

［15］全国社会工作者职业水平考试教材编写组．社会工作实务［M］．北京：中国社会出版社，2019.

[16]公昆．新时代大学生劳动教育教程[M]．大连：大连理工大学出版社，2021.

[17]路宝利．劳动教育理论与实践教程[M]．北京：教育科学出版社，2021.

[18]刘丽红，苗正超，王君毅．以劳育人——大学生劳动教育指导与实践[M]．北京：首都师范大学出版社，2024.

[19]杨松涛，郑瑞楠，赵永锋．大学生劳动教育实践教程[M]．北京：中国民主法治出版社，2024.

[20]李国章，高伟，马云龙．大学生劳动教育实用教程[M]．北京：中国传媒大学出版社，2021.

[21]杨烁．大学生劳动教育与实践教程[M]．成都：电子科技大学出版社，2022.

[22]刘丽红，肖志勇，赵彤军．新时代劳动教育理论与实践教程[M]．北京：中国民主法治出版社，2003.

[23]程建中，王文章，郑长铃．湖笔制作技艺[M]．杭州：浙江人民出版社，2012.

[24]卢胜利，刘瑜，杨孝峰．新时代大学生劳动教育[M]．北京：高等教育出版社，2022.

[25]沈月华．湖州市非遗名录集成[M]．湖州：湖州市文化广电新闻出版局，2016.

[26]徐海荣．中国茶事大典[M]．北京：华夏出版社，2000.

[27]任靖．顾渚山茶与唐代名人[N]．光明日报，2020-08-21.

[28]走近全国非物质文化遗产保护工作先进个人——郑福年[N]．文旅湖州，2024-11-03.

[29]王方元．话说湖州丨乡愁记忆之“长兴紫笋茶”[N]．湖州学习平台，2022-04-16.

[30]林子涵，谢婧繁．“让更多外国茶客爱上紫笋茶”[N]．人民日报海外版，2024-08-28(006)．DOI：10.28656/n.cnki.nrmrh.2024.002848.

[31]焦点访谈．如何应对气候变化？中国晒“双碳”工作成绩单[EB]．央视新闻，2024-11-24.

[32]肖先波．全力打造高职教育绿色低碳样板地[N]．浙江教育报，2024-10-11.

[33]金秋. 坚守与传承中,她让“东方丝织工艺之花”再次绽放![N]. 湖州妇联,2024-06-25.

[34]姚改改,蒋珊珊. 国家级非遗传承人郑依霏:让双林绫绢重焕光彩走向世界[N]. 中国妇女报,2024-06-14.

[35]蒋姗姗,等. “千万工程”赋能双林绫绢非遗技艺高质量发展[N]. 湖州日报,2025-01-13.

[36]王昭奕,朱琼瑜. 湖州老恒和酿造有限公司董事长陈卫忠:恒以持之 和信为本[N]. 浙江日报,2019-05-21.

[37]何晓曦. 王一品. 湖笔传奇书写不朽华章[N]. 国际商报,2025-01-13.

[38]蔡忍冬. 湖州味道|湖州绫绢舞动青绿国潮[EB/OL]. (2024-07-27)[2025-03-30]. https://m.thepaper.cn/baijiahao_10350815.

[39]金莹. 日本酱油的故事[EB/OL]. (2020-12-11)[2025-03-30]. https://m.thepaper.cn/baijiahao_10350815.

[40]湖州味道. 湖丝:从七里村到丝业市镇[EB/OL]. (2022-03-19)[2025-03-30]. https://m.thepaper.cn/baijiahao_17208278.

[41]趣南浔公众号. 南浔非遗荟萃(省遗篇):传统养蚕技艺[EB/OL]. (2021-03-15)[2025-03-30]. https://mp.weixin.qq.com/s?__biz=MzIwMDI4MjU2Mw==&mid=2650782181&idx=4&sn=89b9ef71c506651fd9054a54067b6f34&chksm=8ef48149b983085f6b18ce5c5d6a66075952f4697b8e135a7a5f565d9047b55f590f8c348133&scene=27.

[42]央视新闻客户端. 从一只蚕宝宝开始,带你走进江南丝绸的世界[EB/OL]. (2024-04-05)[2025-03-30]. https://content-static.cctvnews.cctv.com/snow-book/index. html? item_id=6014355543586002879&track_id=A8D2362A-9354-429A-8A1A-B3EC3B60963A_7340028927547.

[43]湖州味道. 蚕丝何以湖州名[EB/OL]. (2023-12-23)[2025-03-30]. https://mp. weixin. qq. com / s? __biz=MzA3Mzg2MzAzMA== &mid=2654838185&idx=1&sn=5d0bb6f16b578dcf397c159b5f693a98&chksm=84c1a7b0b3b62ea603fa4029880d82236ce18c5f9b1b13596dadff91eb1d82992ff91d5bf3b0&scene=27.

[44]金英花. 「农遗之珍」桑基鱼塘:农遗瑰宝助力乡村发展[EB/OL]. (2023-10-24)[2025-03-30]. https://baijiahao.baidu.com/s?id=1780601571464299235&wfr=spider&for=pc.

[45]浙江人大. 立法,能否刷亮湖笔新“高光”?[EB/OL]. (2023-04-03)[2025-03-30]. https://baijiahao.baidu.com/s?id=1780601571464299235&wfr=spider&for=pc.

[46]中国网．中国范儿|湖笔的由来：原来“笔祖”竟是他！[EB/OL]．（2021-09-20）[2025-03-30]．https://m.thepaper.cn/baijiahao_14591167.

[47]东方文化杂志．湖笔凭什么能是文房四宝之首？[EB/OL]．（2023-05-22）[2025-03-30]．https://baijiahao.baidu.com/s?id=1766556412308652082&wfr=spider&for=pc.

[48]南浔组工．乡村振兴新青年|95后湖笔制作技艺传承人让妙“笔”生花[EB/OL]．（2024-06-12）[2025-03-30]．https://mp.weixin.qq.com/s?__biz=MzI5MTE5NDg4NQ==&mid=2655133484&idx=1&sn=0c74bc7a66e589305371276d4114174c&chksm=f7a2ee46c0d567507b62c012ab10e762e7fdec1a5f522d27d56fe171ea6f510379dd508db11d&scene=27.